Förderschule

Sandra Pickhan | Tanja Riebe

Durchstarten ins eigene Leben

Formulare, Verträge, Versicherungen

Arbeitsmaterialien für Jugendliche zur Förderung der Alltagskompetenz

Verlag an der Ruhr

Impressum

Titel

Durchstarten ins eigene Leben

Formulare, Verträge, Versicherungen

Arbeitsmaterialien für Jugendliche zur Förderung der Alltagskompetenz

Autorinnen

Sandra Pickhan, Tanja Riebe

Titelbildfoto

© Alexey Shkitenkov – Fotolia.com

Bildnachweise

siehe S. 128

Verlag an der Ruhr
Mülheim an der Ruhr
www.verlagruhr.de

Geeignet für die Altersstufen 14–21

Unser Beitrag zum Umweltschutz:
Wir sind seit 2008 ein ÖKOPROFIT®-Betrieb und setzen uns damit aktiv für den Umweltschutz ein. Das ÖKOPROFIT®-Projekt unterstützt Betriebe dabei, die Umwelt durch nachhaltiges Wirtschaften zu entlasten.
Unsere Produkte sind grundsätzlich auf chlorfrei gebleichtes und nach Umweltschutzstandards zertifiziertes Papier gedruckt.

ISBN 978-3-8346-2273-0

Printed in Germany

Weitere Titel dieser Reihe:

Wohnung, Geld und Haushaltsführung
Sandra Pickhan, Tanja Riebe
Altersstufen 14–21,
120 S., A4, Paperback
(mit editierbaren Word-Arbeitsblättern auf CD-ROM)
ISBN 978-3-8346-0965-6

Kapiteldeckblätter Fotolia

Der Lebensordner © svort
Post erhalten und schreiben © Thomas Renz
Verträge © Bruce Shippee
Ämter und Formulare © Kautz15
Sozialversicherungen © electriceye
Freiwillige Versicherungen © vege

Inhalt

Vorwort **5**

Der Lebensordner **7**

Wichtige Dokumente 8
- Was sind wichtige Dokumente? 8
- Inhalte des Lebensordners 9

Einen Lebensordner erstellen 10
- Wie bewahre ich wichtige Dokumente auf? 10
- Erstellen eines Lebensordners 11

Post erhalten und schreiben **13**

Post sammeln und ordnen 14
- Welche Post soll ich sammeln? 14
- Warum soll ich Post sammeln? 15
- Wie soll ich meine Post aufbewahren? 16

Briefe schreiben 17
- Die Elemente eines Briefes. 17
- Der Aufbau eines Briefes 18

Die E-Mail 19
- E-Mails erhalten 19
- E-Mails beantworten. 20

Pakete und Päckchen 21
- Paket oder Päckchen 21
- Ein Paket verschicken. 22
- Ein Paket erhalten. 23

Einschreiben 24
- Das Einschreiben mit Rückschein 24

Werbung 25
- Überlaufender Briefkasten 25
- Der Vertreter. 26

Umzugsmitteilung 27
- Musterpostkarte für die Umzugsmitteilung 27
- Wie beantrage ich einen Nachsendeservice? 28

Musterbriefe 29
- Musterbrief für den Widerruf eines Vertrages 29
- Musterbrief für die Kündigung eines Vertrages 30

Checkliste für den Lebensordner 31

Was bedeutet was? 32

Verträge **33**

Der Berufsausbildungsvertrag 34
- Warum einen Berufsausbildungsvertrag? 34
- Was steht in deinem Berufsausbildungsvertrag? 35
- Unterlagen für die Einstellung. 37

Der Arbeitsvertrag. 39
- Warum einen Arbeitsvertrag? 39
- Was steht in einem Arbeitsvertrag? 40
- Welche Arbeitsverträge gibt es? 41

Weitere Verträge 42
- Der private Kaufvertrag. 42
- Der Telefonvertrag 43
- Der Handyvertrag 44
- Anmeldung bei der Gebühreneinzugszentrale (GEZ) 45
- Der Fernsehanbietervertrag 46
- Der Sport- und Fitnessvertrag 47
- Das Girokonto 48
- Der Strom- und Gasanbieter. 49

Checkliste für den Lebensordner 50

Was bedeutet was? 51

Ämter und Formulare **53**

Umgang mit Ämtern 54
- Was sind Ämter?. 54
- Der Gang zum Amt. 55

Das Einwohnermeldeamt 56
- Das Einwohnermeldeamt 56
- Die Anmeldung, Ummeldung und Abmeldung 57
- Der Personalausweis 58
- Der Reisepass 59
- Der Wohngeldantrag. 60

Die Agentur für Arbeit. 61
- Die Bundesagentur für Arbeit 61
- Der persönliche Berater 62
- Das BiZ. 63

- BERUFENET 64
- Arbeitslosigkeit 65
- Arbeitslosengeld I 66
- Das Jobcenter 67
- Arbeitslosengeld II / Sozialgeld 68
- Das Kindergeld 69

Die Kfz-Zulassungsstelle 70
- Die Kfz-Zulassungsstelle 70

Das Standesamt 71
- Das Standesamt 71

Rund um Ämter und Formulare 72

Checkliste für den Lebensordner 73

Was bedeutet was? 74

Sozialversicherungen 75

Grundwissen 76
- Was ist eine „Versicherung“? 76
- Deutschland – ein sozialer Staat 77
- Die Sozialversicherungen 78
- Rückblick: Die Entstehung der Sozialversicherungen 79
- Brutto- und Nettolohn 80
- Die Lohnabrechnung 81

Die Krankenversicherung 82
- Ein Notfall! 82
- Die Krankenversicherung 83
- Die Versicherungspflicht 84
- Die Wahl der Krankenkasse 85
- Die Beiträge 86
- Das Beitrittsformular 87
- Der Versicherungsschein und die Versichertenkarte 88
- Der Versicherungswechsel 89

Die Pflegeversicherung 90
- Plötzlich ist alles anders! 90
- Die Pflegeversicherung 91
- Die Beiträge 92

Die Arbeitslosenversicherung 93
- Arbeitslos! 93
- Die Arbeitslosenversicherung 94
- Die Beiträge 95
- Die Berufsvorbereitende Bildungsmaßnahme 96

Die Rentenversicherung 97
- Endlich Rentner! 97
- Die Rentenversicherung 98
- Die Beiträge 99

Die Unfallversicherung 100
- Der Unfall! 100
- Die Unfallversicherung 101

Checkliste für den Lebensordner 102

Was bedeutet was? 103

Freiwillige Versicherungen 105

Freiwilige Versicherungen 106
- Freiwillige Versicherungen 106
- Verschiedene Arten von Versicherungen 107

Die private Haftpflichtversicherung 108
- Dumm gelaufen! 108
- Die private Haftpflichtversicherung 109

Die Kraftfahrzeugversicherung 110
- Glück im Unglück! 110
- Die Kraftfahrzeugversicherung 111

Die Hausratversicherung 112
- Nächtlicher Besuch! 112
- Die Hausratversicherung 113

Die Berufsunfähigkeitsversicherung 114
- Und jetzt? 114
- Die Berufsunfähigkeitsversicherung 115

Die private Unfallversicherung 116
- Unverhofft kommt oft! 116
- Die private Unfallversicherung 117

Die Rechtsschutzversicherung 118
- So ein Ärger! 118
- Die Rechtsschutzversicherung 119

Die private Altersvorsorge 120
- Sparen – aber wie? 120
- Die private Altersvorsorge 121

Rund um Versicherungen 122

Checkliste für den Lebensordner 123

Was bedeutet was? 124

Übersicht über zusätzliches Material auf der CD 125

Vorwort

Liebe Lehrer,*

immer wieder fällt in der Praxis ins Auge, dass einige Schüler maßgebliche Unterstützung brauchen, um das Leben nach der Schule strukturiert in Angriff nehmen zu können. Von vielen Aspekten des Alltags haben sie keinen, einen vagen oder einen falschen Begriff.
Manche der längst Entlassenen kehren immer wieder zur Schule zurück, um dort Hilfe oder einen Rat einzufordern.
Dieses Buch soll Sie dabei unterstützen, Ihren Schützlingen einen guten Start in das Leben nach der Schule zu ermöglichen. Darum sind sämtliche Inhalte so praxisnah wie irgend möglich. Damit Sie die Inhalte noch genauer auf die Bedürfnisse Ihrer Lerngruppe zuschneiden können, gibt es außerdem sämtliche Arbeitsblätter und zusätzliches Material als editierbare Word-Vorlagen auf der CD-ROM: Dort finden Sie auch **Lösungen** für die Arbeitsblätter, bei denen es Sinn macht.
Der vorliegende Band folgt dem ersten dieser Minireihe, „Wohnung, Geld und Haushaltsführung". Beide Teile sind unabhängig voneinander einsetzbar.
Im Buch finden Sie folgende Themen:

- Lebensordner
- Post erhalten und schreiben
- Verträge
- Ämter und Formulare
- Versicherungen

Die Themen können in beliebiger Reihenfolge bearbeitet werden.
Jedes Thema ist so gegliedert, dass die Schüler die Inhalte praxisnah und handlungsorientiert erarbeiten.

Die **Arbeitsblätter** können unabhängig voneinander eingesetzt werden. Z.T. wird beim Lösen der Aufgaben aufs Heft verwiesen, hier können auch einfach DIN-A4-Blätter verwendet werden, die später ins Portfolio kommen.

Zum Abschluss eines Kapitels gibt es immer eine **Checkliste**. Diese erfüllt eine doppelte Funktion: Zum einen kann sie als Lernzielkontrolle genutzt werden, denn sie fragt die wichtigsten Inhalte noch einmal ab. Zum anderen können die Schüler die Checkliste in ihrem **„Lebensordner"** abheften und später bei Bedarf hervorholen.
Der Lebensordner kann zu Beginn des Schuljahres angelegt werden. Dazu genügen ein Aktenorder und ein Register. Er dient der unmittelbaren Ergebnissicherung und kann vor allem den Schülern als „Nachschlagewerk" während und nach der Schulzeit dienen.

Ein **Glossar** mit Erklärungen zum entsprechenden Wortschatz finden Sie am Ende jedes Kapitels.

Im Kapitel „Verträge" finden Sie zu jedem Vertrag eine **Musterkündigung auf der CD**, die Sie den Schülern zukommen lassen können. Bei einer notwendigen Vertragskündigung können die Schüler dann auf die vorliegenden Musterkündigungen im Lebensordner zurückgreifen, ohne sie selbst formulieren zu müssen. Die CD enthält auch weitere Musterbriefe.

Nun wünschen wir Ihnen viel Erfolg bei der Förderung der Alltagskompetenzen Ihrer Schüler.

* Aus Gründen der besseren Lesbarkeit haben wir in diesem Buch durchgehend die männliche Form verwendet. Natürlich sind damit auch immer Frauen und Mädchen gemeint, also Lehrerinnen, Schülerinnen etc.

Der Lebensordner

Was sind wichtige Dokumente?

Dokumente sind Papiere, die wichtige Informationen enthalten.
Dazu zählen z.B. Zeugnisse, Praktikumsbescheinigungen,
Auszüge von deinem Girokonto, deine Geburtsurkunde, dein Arbeitsvertrag,
dein Mietvertrag, Verträge mit den Stadtwerken oder dein Impfausweis.
Im Laufe deines Lebens sammeln sich viele wichtige Papiere an.
Diese Dokumente solltest du sicher aufbewahren.
Welche Dokumente könnten das sein?

1. Zähle wichtige Dokumente auf, die du sicher aufbewahren solltest. Die verschiedenen Stichworte helfen dir dabei. Im Text findest du schon einige Hinweise. Befrage auch deine Eltern, und ergänze die Stichworte.

Schule

Ausbildung

Arbeit

Arbeitsamt

Girokonto

Kredite

Wohnung

Persönliche Dokumente

2. Ergänze weitere Bereiche, aus denen du wichtige Dokumente aufbewahren solltest.

ISBN 978-3-8346-2273-0 | www.verlagruhr.de

Inhalte des Lebensordners

Die Dokumente, die sich im Laufe deines Lebens ansammeln, solltest du gut aufbewahren. Viele musst du stets griffbereit haben, falls du sie benötigst. Das gilt für Papiere vom Arbeitsamt, für Arbeits- und Ausbildungsverträge oder auch für Arbeitszeugnisse. Außerdem auch für deine Geburtsurkunde oder deinen Impfausweis. Für eine Bewerbung um einen Ausbildungsplatz musst du z.B. oft die letzten drei Zeugnisse vorweisen können. Wenn du ein solches Dokument verlierst, ist es schwierig, es noch mal zu bekommen.
Daher solltest du alle Dokumente an einem Ort sammeln, z.B. in einem „Lebensordner". Wenn du eines deiner Dokumente benötigst, findest du es schnell und sicher in dem Ordner. Von dem Dokument machst du dann eine Kopie. Die Kopie kannst du abgeben, und das Original heftest du wieder in einer Klarsichthülle in deinem Lebensordner ab.
Den Ordner solltest du in verschiedene Bereiche einteilen. Eine solche Einteilung hilft dir, das Dokument schnell zu finden. Es sollte z.B. einen Bereich für die Schule geben und einen für die Ausbildung.
Es gibt aber noch viele weitere Bereiche, aus denen du Dokumente aufbewahren solltest. Welche könnten das sein?

1. **Überlege, welche Bereiche du anlegen möchtest. Schreibe drei Bereiche auf drei Karteikarten.**
2. **Tausche dich mit einem Partner aus. Sortiert eure Karten so, dass jeder Bereich nur einmal vorkommt. Einigt euch auf fünf Bereiche.**
3. **Tauscht euch mit einer anderen Gruppe aus. Sortiert eure Karten so, dass jeder Bereich nur einmal vorkommt. Einigt euch auf sieben Bereiche.**
4. **Stellt eure Ergebnisse in der Klasse vor. Einigt euch auf zehn Bereiche, die ihr anlegen wollt.**

ISBN 978-3-8346-2273-0 | www.verlagruhr.de

Wie bewahre ich wichtige Dokumente auf?

Deine wichtigen Dokumente solltest du in einem Ordner sammeln. Ein Ordner hat den Vorteil, dass keines deiner Papiere verloren gehen kann. Außerdem sind sie darin vor Beschädigungen geschützt: Sie bekommen keine Eselsohren, können nicht einreißen, und man findet keine Spuren vom letzten Essen oder Trinken auf ihnen wieder.

Viele Dokumente darfst du nicht lochen. Dazu zählen z.B. deine Zeugnisse, deine Praktikumsbescheinigungen, deine Geburtsurkunde, dein Impfausweis, aber auch dein Reisepass. Am besten tust du alle Papiere in einzelne Klarsichthüllen, die über einen Rand mit Löchern verfügen, und heftest sie so im Ordner ab. Denn gelocht sehen sie nicht mehr schön aus und können vor allem ihre Gültigkeit verlieren.

Beantworte folgende Fragen:

a) Warum solltest du wichtige Dokumente sicher aufbewahren?

____

____

b) Wo kannst du wichtige Dokumente sammeln?

____

____

c) Warum darfst du bestimmte Dokumente nicht lochen?

____

____

d) Was kannst du stattdessen mit ihnen tun?

____

____

ISBN 978-3-8346-2273-0 | www.verlagruhr.de

Erstellen eines Lebensordners

	✓
1. Erstelle einen Lebensordner. Dafür benötigst du:	
a) einen breiten Aktenordner	☐
b) 15 Trennblätter zum Selbstausschneiden der Register oder ein bereits vorgefertigtes Register	☐
c) ein Paket Klarsichthüllen	☐
2. Beschrifte den Aktenordner mit deinem Namen und dem Wort „Lebensordner“.	☐
3. Schneide die Trennblätter zu, wenn nötig, und beschrifte sie mit den gesammelten Bereichen.	☐
4. Hefte die Trennblätter in den Ordner.	☐
5. Packe deine Dokumente in Klarsichthüllen.	☐
6. Die restlichen Klarsichthüllen heftest du an das Ende des Ordners.	☐
7. Ordne deine Dokumente den Bereichen zu, und hefte sie ab.	☐

ISBN 978-3-8346-2273-0 | www.verlagruhr.de

Post erhalten und schreiben

Welche Post soll ich sammeln?

Fast jeden Tag liegt neue Post in deinem Briefkasten.
Du erhältst Werbung, Rechnungen, Mahnungen, Bescheide und Belege.
Post solltest du sammeln, allerdings nicht jede.
Post, auf der nicht dein Name steht, kannst du wegwerfen.
Die Post, auf der dein persönlicher Name steht, solltest du genauer ansehen.
Handelt es sich um Werbung oder um einen wichtigen Brief?
Werbung kannst du wegwerfen.
Rechnungen, Mahnungen, Bescheide und Belege solltest du mindestens drei Jahre aufbewahren.

Hier siehst du Briefe, die in deinem Briefkasten lagen.

1. **Welche kannst du wegschmeißen?**
   Markiere sie rot.
2. **Welche solltest du aufbewahren?**
   Markiere sie grün.

ISBN 978-3-8346-2273-0 | www.verlagruhr.de

Warum soll ich Post sammeln?

Post erhält jeder Haushalt: Werbung, Bescheide, Rechnungen, Mahnungen und Belege. Es ist sehr wichtig, keine persönlichen Briefe wegzuschmeißen.
Wichtige Briefe solltest du aufbewahren. So kannst du immer beweisen, was darin stand. Außerdem erinnert dich eine Rechnung daran, dass du noch Schulden begleichen musst.
Wenn du sie direkt wegwirfst, vergisst du sie. Auf die Rechnung folgt dann schnell die Mahnung, und es wird immer teurer.
Da du meistens mehr als einen Brief in der Woche bekommst, solltest du deine Post aufbewahren und sortieren. So findest du die einzelnen Unterlagen jederzeit schnell wieder.

Jennifer hat keine Lust, Post aufzubewahren. Nenne ihr drei Gründe, warum sie das tun solltest.

a)

b)

c)

Post aufbewahren ...?
So etwas brauche ich nicht?
Das machen nur Spießer?

ISBN 978-3-8346-2273-0 | www.verlagruhr.de

Wie soll ich meine Post aufbewahren?

Wichtige Briefe bewahrst du am besten in einem Aktenordner auf.
Darin kannst du deine Post auch direkt sortieren.
Am leichtesten findest du deine Briefe wieder, wenn du sie nach Firmen bzw. Absendern sortierst.
Nach jeder neuen Firma/jedem Absender kommt ein Trennblatt.
Auf das Trennblatt schreibst du den Namen des Absenders.
Da du von einer Firma meistens mehrmals im Jahr Post erhältst, solltest du die Briefe nach dem Datum sortieren:
Alte Briefe nach unten und die neuen obenauf.
Noch leichter wird das Finden von Briefen, wenn du die Firmen alphabetisch sortierst.

1. Schreibe drei Regeln auf, wie du deine Post am besten sortierst.

a) ______________________________

b) ______________________________

c) ______________________________

2. Es hat sich viel Post angesammelt. Schneide die Textkarten aus, und sortiere die Post nach den drei Regeln.

Stadtwerke **19.01.2012**	**Telefonrechnung** **13.08.2012**	**Versicherung** **07.07.2011**
GEZ **01.01.2012**	**Versicherung** **08.07.2011**	**Stadtwerke** **22.04.2012**
Telefonrechnung **24.03.2010**	**Stadtwerke** **30.11.2011**	**GEZ** **01.07.2012**
Versicherung **08.07.2012**	**GEZ** **01.04.2012**	**Telefonrechnung** **05.06.2011**

ISBN 978-3-8346-2273-0 | www.verlagruhr.de

Die Elemente eines Briefes

Im Laufe deines Lebens wird es einige Situationen geben, in denen du einen Brief schreiben musst. Damit dein Brief ankommt und verstanden wird, musst du manches beachten. Dein Brief muss folgende Elemente enthalten:

- *deine Adresse*
- *die Adresse des Empfängers*
- *das Datum*
- *einen Betreff*
- *eine Begrüßung*
- *dein Anliegen*
- *eine Verabschiedung*

1. Du schreibst einen Brief an den Direktor deiner Schule. Fülle die Adressfelder richtig aus.

____________________________ (Vorname Name Absender)

____________________________ (Straße Hausnummer)

____________________________ (Postleitzahl Wohnort)

____________________________ (Name der Schule)

____________________________ (Name des Direktors)

____________________________ (Straße Hausnummer)

____________________________ (Postleitzahl Wohnort)

2. Hier siehst du einige Beispiele für die Elemente eines Briefes. Verbinde mit einer Linie, was zusammengehört.

Adresse des Empfängers	*09.01.2012*
Begrüßung	*Kündigung meines Abos*
Betreff	*Mit freundlichen Grüßen*
Datum	*Hiermit möchte ich mein Abo kündigen.*
Verabschiedung	*Sehr geehrte Damen und Herren,*
Anliegen	*Zeitschrift Hallo Müllerstraße 3 12345 Müllerdorf*

ISBN 978-3-8346-2273-0 | www.verlagruhr.de

Der Aufbau eines Briefes

Ein Brief hat stets den gleichen Aufbau. Damit der Empfänger deinen Brief gut lesen kann, empfiehlt es sich, den Brief am PC zu schreiben.
Dabei solltest du den richtigen Aufbau berücksichtigen.
Oben links steht **deine Adresse**. Mit etwas Abstand folgt dann die **Adresse des Empfängers**.
Auf die rechte Seite kommt das **Datum**.
Dann musst du den **Betreff** schreiben. Anschließend folgen die **Begrüßung** und **dein Anliegen**.
Der Brief endet mit der **Verabschiedung**.

Hier siehst du den Aufbau eines Briefes.
Schreibe in die Kästchen, was sich an dieser Stelle befindet.

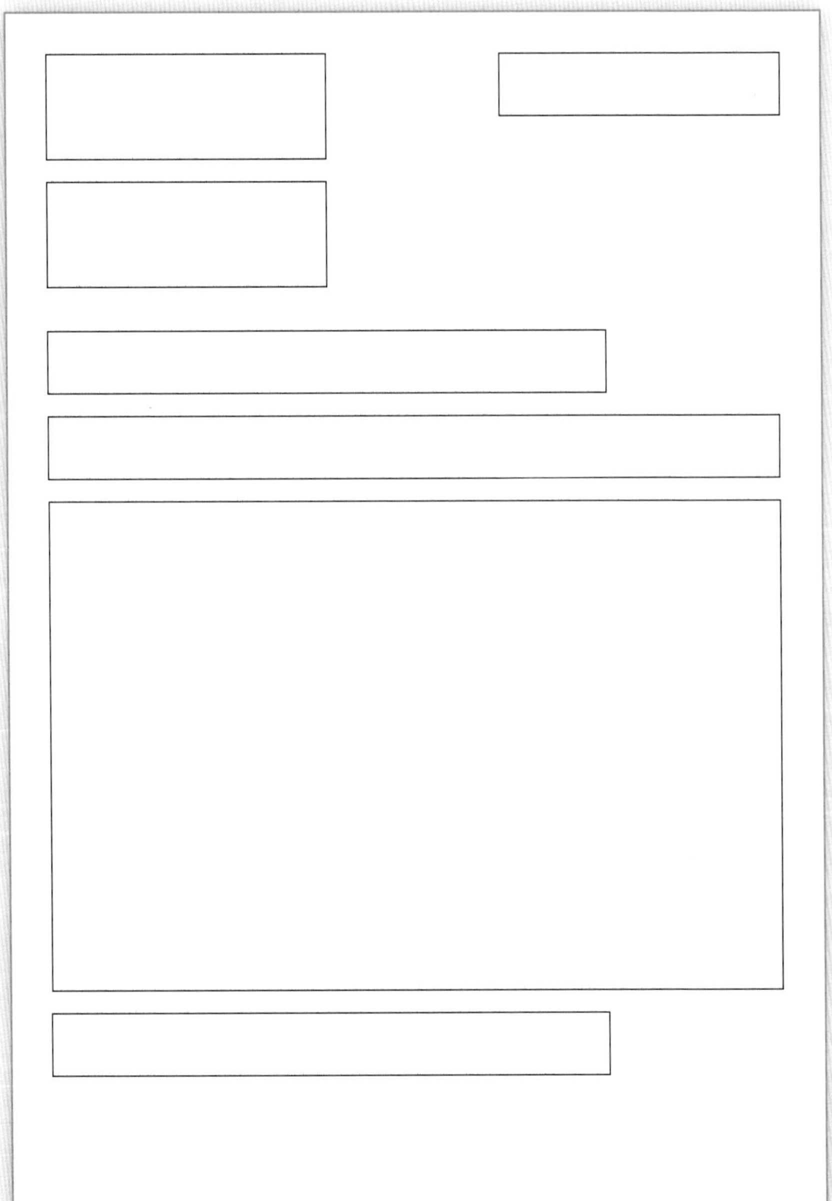

ISBN 978-3-8346-2273-0 | www.verlagruhr.de

E-Mails erhalten

E-Mails kannst du von Firmen oder von Privatpersonen bekommen.
Firmen verschicken heutzutage immer öfter Post über das Internet. Erhältst du eine solche E-Mail, solltest du zunächst überprüfen, ob du bei dieser Firma Kunde bist. Wenn du dort nicht Kunde bist, solltest du auf die E-Mail nicht reagieren, denn es handelt sich dabei meist um Werbung. Bist du Kunde bei der Firma, solltest du die E-Mail genau lesen und prüfen, was zu tun ist. Außerdem solltest du sie, wenn sie wichtige Details, z.B. zum Thema Bestellung/Bezahlung, enthält, ausdrucken und zu deinen Unterlagen legen. Falls du keinen Drucker hast, speichere die E-Mail.

Erhältst du eine E-Mail von einer Privatperson, die du nicht kennst, solltest du auf die E-Mail keinesfalls antworten. Hinter solchen Nachrichten verstecken sich oft Menschen, die Geld machen wollen. Kennst du die Person, kannst und solltest du im Normalfall auf das Schreiben reagieren.
Wenn dir jemand, den du nicht kennst, einen Link schickt, klicke nicht darauf. Denn sonst weiß derjenige, dass deine Mailadresse aktiv ist!

Du hast eine E-Mail erhalten. Wie reagierst du?
Vervollständige das Schaubild.

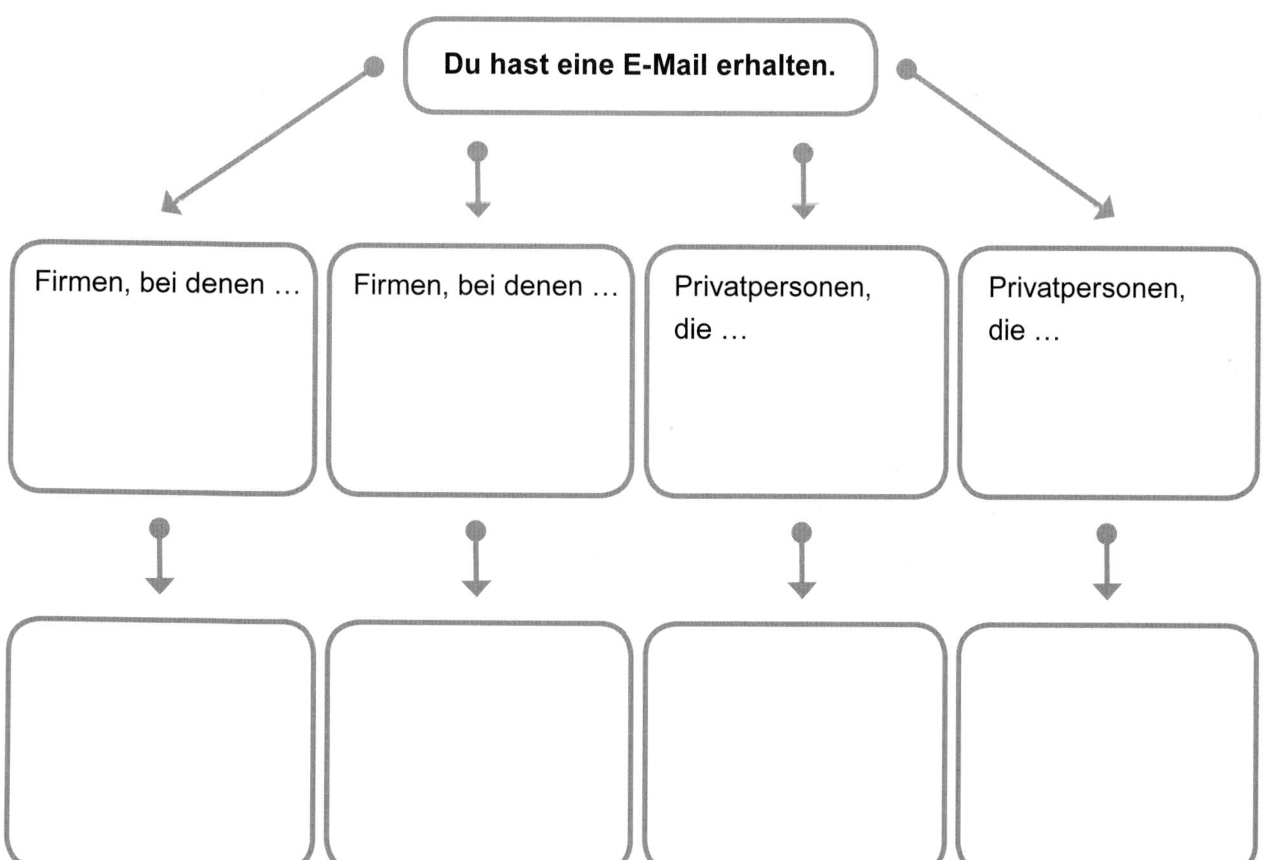

ISBN 978-3-8346-2273-0 | www.verlagruhr.de

E-Mails beantworten

Du hast Post erhalten, und die Firma hat ein Anliegen, auf das du reagieren musst. Bei der Beantwortung von E-Mails solltest du folgende Dinge beachten:

- Die E-Mail-Adresse muss korrekt geschrieben sein, sonst kommt dein Schreiben nicht an.
- In der Betreff-Zeile muss eine Überschrift stehen, damit der Empfänger sofort weiß, worum es geht.
- Eine E-Mail ist so was wie ein Brief, daher enthält sie eine Anrede sowie eine Verabschiedung.

Eine E-Mail bietet zwei Vorteile: Sie ist viel schneller als ein richtiger Brief, und sie kostet nichts (bis auf die Internetgebühren, die du ohnehin zahlst).

Thomas ist umgezogen, und er will seiner Versicherung die neue Anschrift mitteilen. Das will er per E-Mail machen. Welche Formulierungen passen? Kreuze an. Es kann auch mehrere Lösungen geben.

Betreff

○ Neue Anschrift
○ Umzug/Adressänderung
○ wohne jetzt woanders

Begrüßung

○ Hi,
○ Hallo,
○ Sehr geehrte Damen und Herren,

Nachricht

○ Bin umgezogen. Neue Adresse: Münsterstraße 1, 44369 Dortmund
○ Neue Adresse: Münsterstraße 1, 44369 Dortmund
○ Ich bin umgezogen und möchte Ihnen meine neue Adresse mitteilen: Münsterstraße 1, 44369 Dortmund. Ich möchte Sie bitten, die Daten zu ändern. Vielen Dank.

Abschiedsfloskel

○ See you
○ Tschüss
○ Mit freundlichen Grüßen

ISBN 978-3-8346-2273-0 | www.verlagruhr.de

Paket oder Päckchen?

Zu Feiertagen werden gerne Pakete und Päckchen mit der Post verschickt.
Pakete und Päckchen sind bei der Post zwei verschiedene Waren. Ein Päckchen darf höchstens 2 kg wiegen und ist nicht versichert. Sollte es verloren gehen, bekommst du keinen Ersatz. Ein Päckchen kostet 4,10 € (Stand November 2012, www.post.de). Ein Paket darf mehr als 2 kg wiegen und ist versichert. Geht das Paket verloren, bekommst du Ersatz. Das Paket kostet mindestens 6,90 € (Stand November 2012, www.post.de).

Wenn du ein Paket verschicken möchtest, musst du dich also entscheiden ob du deine Ware als Paket oder Päckchen verschicken möchtest. Wertvolle Ware solltest du als Paket versenden, auch wenn es mehr kostet. So hast du einen Nachweis, dass du die Ware verschickt hast.

1. Ergänze die Tabelle.
Nutze dafür die Internetseite www.deutschepost.de

	Päckchen	**Paket**
Wie schwer darf es sein?		
Ist es versichert?		
Wie viel kostet es (NICHT online)?		

2. Entscheide, ob die Ware als Paket oder Päckchen verschickt werden soll.
Begründe deine Wahl im ganzen Satz in deinem Heft!

a) Oma schickt ihrem Enkel eine CD zum Geburtstag.
b) Herr Meiers Uhr ist kaputt. Er sendet sie zur Reparatur weg.
c) Pascal verschickt selbstgebackene Plätzchen zu Weihnachten.
d) Elke hat Babyspielzeug und Babykleidung bei Ebay verkauft. Sie will die Sachen nun dem Käufer zusenden.

ISBN 978-3-8346-2273-0 | www.verlagruhr.de

Ein Paket verschicken

Wenn du ein Paket verschicken möchtest, musst du deine Ware in einen Karton verpacken. Du kannst einen Karton verwenden, den du zu Hause hast, oder ihn bei der Post kaufen. Ein Karton von der Post ist meist sicherer, weil er bereits die richtigen Maße für den Versand hat. Er ist aber nicht ganz günstig.
Die Ware sollte in dem Karton so liegen, dass sie nicht hin- und herrutscht. Du kannst den leeren Platz im Karton mit zerknülltem Zeitungspapier füllen.
Wickle zerbrechliche Ware zusätzlich in Zeitungspapier ein.
Klebe den Karton mit breitem Tesafilm zu, nachdem du die Ware hineingelegt hast.
Bei der Post bekommst du einen Paketschein. Auf den Paketschein schreibst du in leserlichen Buchstaben deine Adresse sowie die Adresse des Empfängers.
Dann kannst du das Paket abgeben und das Porto in der Post bezahlen. Der Postangestellte wiegt und misst das Paket. Danach sagt er dir, wie viel Geld er von dir bekommt.

1. **Fülle den Paketschein aus. Du möchtest das Paket an Sabine Maier, Hauptstr. 105, 44444 Bochum senden.**
2. **Gehe zur Post. Erkundige dich, welche unterschiedlich großen Kartons es gibt und wie viel sie kosten. Trage die Ergebnisse in eine Tabelle ein, und stelle sie der Klasse vor.**

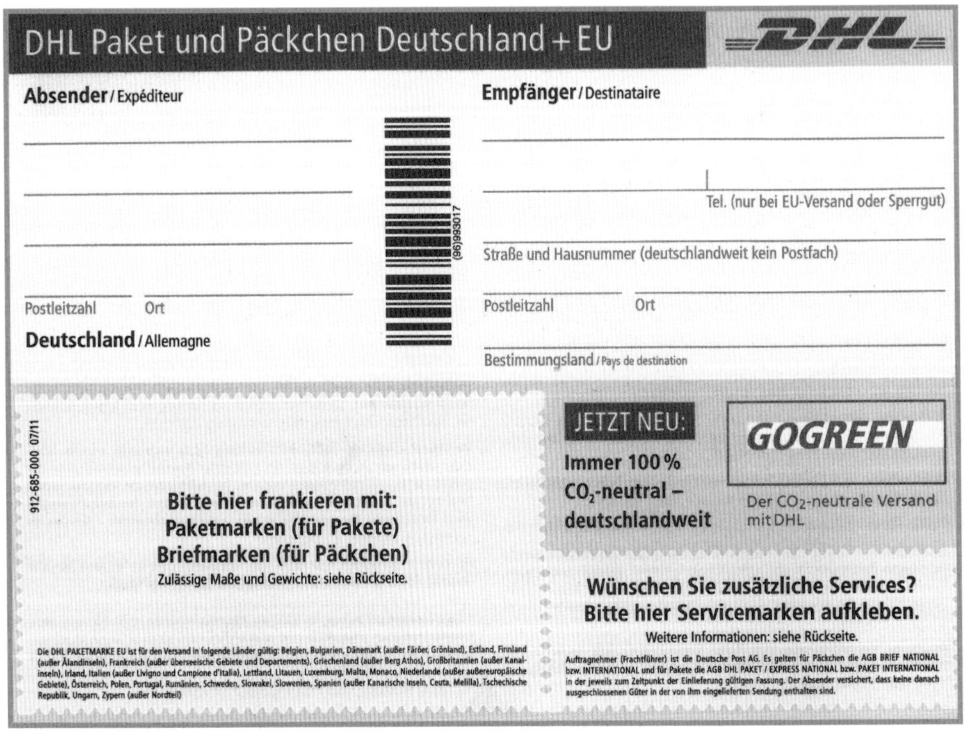
DHL Paket und Päckchen Deutschland + EU

Absender / Expéditeur

Postleitzahl Ort

Deutschland / Allemagne

(96)993017

Empfänger / Destinataire

Tel. (nur bei EU-Versand oder Sperrgut)

Straße und Hausnummer (deutschlandweit kein Postfach)

Postleitzahl Ort

Bestimmungsland / Pays de destination

912-685-000 07/11

Bitte hier frankieren mit:
Paketmarken (für Pakete)
Briefmarken (für Päckchen)
Zulässige Maße und Gewichte: siehe Rückseite.

Die DHL PAKETMARKE EU ist für den Versand in folgende Länder gültig: Belgien, Bulgarien, Dänemark (außer Färöer, Grönland), Estland, Finnland (außer Ålandinseln), Frankreich (außer überseeische Gebiete und Departements), Griechenland (außer Berg Athos), Großbritannien (außer Kanalinseln), Irland, Italien (außer Livigno und Campione d'italia), Lettland, Litauen, Luxemburg, Malta, Monaco, Niederlande (außer außereuropäische Gebiete), Österreich, Polen, Portugal, Rumänien, Schweden, Slowakei, Slowenien, Spanien (außer Kanarische Inseln, Ceuta, Melilla), Tschechische Republik, Ungarn, Zypern (außer Nordteil)

JETZT NEU:
Immer 100 % CO_2-neutral – deutschlandweit

GOGREEN
Der CO_2-neutrale Versand mit DHL

Wünschen Sie zusätzliche Services?
Bitte hier Servicemarken aufkleben.
Weitere Informationen: siehe Rückseite.

Auftragnehmer (Frachtführer) ist die Deutsche Post AG. Es gelten für Päckchen die AGB BRIEF NATIONAL bzw. INTERNATIONAL und für Pakete die AGB DHL PAKET / EXPRESS NATIONAL bzw. PAKET INTERNATIONAL in der jeweils zum Zeitpunkt der Einlieferung gültigen Fassung. Der Absender versichert, dass keine danach ausgeschlossenen Güter in der von ihm eingelieferten Sendung enthalten sind.

ISBN 978-3-8346-2273-0 | www.verlagruhr.de

Ein Paket erhalten

Du hast etwas im Internet bestellt, und die Ware soll als Paket geliefert werden.
Wenn du zu Hause bist, überreicht dir der Postbote das Paket. Du bestätigst ihm mit deiner Unterschrift, dass du es erhalten hast. Es kann aber auch sein, dass du nicht zu Hause bist, wenn die Lieferung erfolgt. Dann steckt dir der Postbote eine Benachrichtigung in den Briefkasten. Entweder er hat das Paket dann bei einem Nachbarn abgegeben, oder er nimmt es mit zu einer Postfiliale. Du kannst es also entweder bei der Person abholen, die auf der Benachrichtigung angegeben ist, oder du holst das Paket am nächsten Tag bei der Post ab. Dafür brauchst du die Nachricht vom Postboten und deinen Personalausweis.
Du zeigst dem Postangestellten die Nachricht und deinen Personalausweis. Dann erhältst du das Paket. Du musst einen Zettel unterschreiben, dass du es erhalten hast. Danach gehört es dir. Wenn die Ware im Paket beschädigt ist, wende dich sofort an die Firma. Sie teilt dir mit, wie du weiter vorgehen musst.

Beantworte folgende Fragen im ganzen Satz.

a) Was meinst du: Warum musst du unterschreiben, wenn du ein Paket vom Postboten bekommst?

____

____

b) Am Montag hast du eine Nachricht im Briefkasten, dass du ein Paket bei der Post liegen hast. Wann kannst du es abholen?

____

c) Was musst du zur Post mitnehmen, um dein Paket zu erhalten, das dort liegt?

____

____

ISBN 978-3-8346-2273-0 | www.verlagruhr.de

Das Einschreiben mit Rückschein

Wenn du einen Brief oder eine Postkarte als Einschreiben verschickst, bestätigt der Empfänger mit seiner Unterschrift, dass er den Brief erhalten hat. Die Unterschrift wird dir per Post zugeschickt. Diese Karte, den so genannten Rückschein, solltest du dann sorgfältig aufbewahren.

Ein Einschreiben mit Rückschein ist eine rosafarbene Karte, die du bei der Post erhältst. Diese Karte wird außen auf den Umschlag geklebt. Es ist teurer als ein normaler Brief.

Du solltest ein Einschreiben dann verschicken, wenn du einen Beweis brauchst, dass du das Schreiben abgeschickt hast: z.B. bei Kündigung des Telefons, Kündigung des Mietvertrages oder Kündigung einer Mitgliedschaft in einem Verein. Dann solltest du den Rückschein verwahren, bis du eine schriftliche Bestätigung der Kündigung hast. Und natürlich brauchst du ein Einschreiben, wenn du wichtige Dokumente versendest.

Wenn du z.B. dein Abo bei einer Zeitschrift kündigen möchtest, musst du eine Kündigung schreiben. Mit dem Brief im Umschlag gehst du zur Post und sagst dem Postmitarbeiter, dass du den Brief als Einschreiben mit Rückschein versenden möchtest. Der Mitarbeiter gibt dir den Rückschein, und du füllst ihn aus. Danach klebt der Mitarbeiter den Schein auf den Briefumschlag und versendet ihn. Wenige Tage später erhältst du den Rückschein und hast einen Beweis für deine Kündigung.

Fülle den Rückschein aus, soweit du kannst.
Du möchtest dein Abo der Zeitung „Neuigkeiten" kündigen.
Die Adresse lautet: Firma Neuigkeiten, Postfach 23145, 44444 Bochum.

(Info: Auf die Rückseite des abgebildeten Scheines schreibst du deine Adresse; die musst du hier nicht eintragen.)

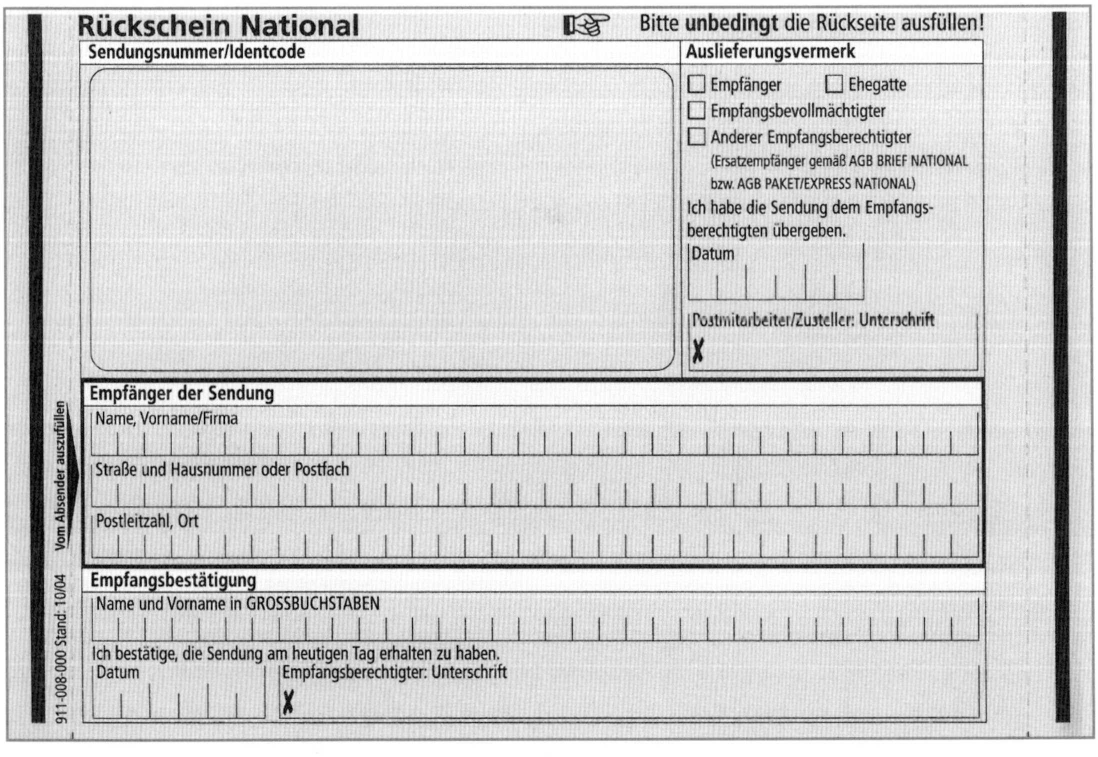

Rückschein National

Bitte **unbedingt** die Rückseite ausfüllen!

Sendungsnummer/Identcode

Auslieferungsvermerk

☐ Empfänger ☐ Ehegatte
☐ Empfangsbevollmächtigter
☐ Anderer Empfangsberechtigter
(Ersatzempfänger gemäß AGB BRIEF NATIONAL bzw. AGB PAKET/EXPRESS NATIONAL)

Ich habe die Sendung dem Empfangsberechtigten übergeben.

Datum

Postmitarbeiter/Zusteller: Unterschrift
X

Vom Absender auszufüllen

Empfänger der Sendung

Name, Vorname/Firma

Straße und Hausnummer oder Postfach

Postleitzahl, Ort

Empfangsbestätigung

Name und Vorname in GROSSBUCHSTABEN

Ich bestätige, die Sendung am heutigen Tag erhalten zu haben.

Datum

Empfangsberechtigter: Unterschrift
X

911-008-000 Stand: 10/04

ISBN 978-3-8346-2273-0 | www.verlagruhr.de

Überlaufender Briefkasten

Du hast deine eigene Wohnung und einen eigenen Briefkasten.
Achte darauf, dass an deinem Briefkasten unbedingt dein Nachname steht. Ansonsten erhältst du keine Post. Es reicht nicht, dass dein Name auf dem Klingelschild steht.
Du wirst in deinem Briefkasten immer wieder Werbung vorfinden: Prospekte von Lebensmittel- oder Elektronikgeschäften, Flyer von Pizzaservices, Einladungen zu Glücksspielen. Die Firmen haben das Recht, dir Werbung zuzusenden. Wenn du keine Lust auf all die Werbung hast, kannst du an deinem Briefkasten ein Schild anbringen mit der Aufschrift: „Bitte keine Werbung!“ Dann darf keine Werbung mehr in deinem Briefkasten landen. Keine Werbung mehr zu erhalten, hat den Vorteil, dass man weniger Müll produziert. Allerdings bist du dann auch nicht mehr auf dem Laufenden, welche Angebote es gibt. Dass kann von Nachteil sein, wenn man günstig einkaufen möchte.

1. **Schreibe Firmen auf, von denen du Werbung bekommen könntest.**
2. **Markiere farbig, welche Werbung du haben möchtest und welche du sofort wegwerfen würdest.**

Lebensmittelgeschäfte	*Elektronikgeschäfte*	*Sonstige Werbung*

ISBN 978-3-8346-2273-0 | www.verlagruhr.de

Der Vertreter

Es klingelt an der Tür. Tim öffnet. Vor der Tür steht jemand Unbekanntes. Es ist ein Vertreter. Er möchte Tim überzeugen, bei ihm ein Zeitschriften-Abo abzuschließen.

Tim bittet den freundlichen Mann herein und hört sich an, was er zu sagen hat. Er unterschreibt den Vertrag sofort, weil das Werbegeschenk ein Fernseher ist und er dringend einen braucht. Ein paar Tage später erhält Tim eine dicke Rechnung für sein Abo. Leider schaut er erst darauf, als zwei Wochen vergangen sind.

Eigentlich interessiert ihn die Zeitschrift nicht, nur der Fernseher. Woher soll er jetzt das Geld für das Abo nehmen? Jetzt ist es auch zu spät, um es zu kündigen.

Klingelt es bei dir und ein Vertreter steht an deiner Tür, sage ihm am besten, dass du kein Interesse an Geschäften hast, und schließe die Tür. Auch in der Stadt wird man häufig angesprochen.

Hast du einen Vertrag unterschrieben, den du nicht wolltest, so hast du in der Regel zwei Wochen Zeit, den Vertrag schriftlich zu widerrufen.

1. Was hätte Tim besser machen können?
Schreibe drei Ratschläge auf.

a) ____

b) ____

c) ____

2. Suche dir einen Partner.
Übt im Rollenspiel, den Vertreter zu verabschieden.

ISBN 978-3-8346-2273-0 | www.verlagruhr.de

Musterpostkarte für die Umzugsmitteilung

Bei einem Umzug musst du alle Firmen, bei denen du Verträge hast, benachrichtigen. Sie müssen deine neue Adresse kennen.
Auch deinem Arbeitgeber, der Arbeitsagentur, deinem Strom- und Gasanbieter und deiner Telefongesellschaft musst du Bescheid geben.
(Bei Strom, Gas und Telefon musst du natürlich prüfen, ob du den Anbieter wechselst oder beibehältst.)
Einigen kannst du das persönlich oder per Mail mitteilen.
Sollte das nicht gehen, kannst du auch eine Postkarte schreiben.
Deine Postkarte sollte folgendermaßen aussehen:

Sehr geehrte Damen und Herren,

ich bin umgezogen.
Meine alte Adresse lautet:

Meine neue Adresse lautet:

Bitte übernehmen Sie meine neuen Daten. Danke.

Mit freundlichen Grüßen

1. **Deine alte Adresse lautet: Vorname Nachname, Baumallee 34, 44369 Dortmund. Deine neue Adresse ist die, unter der du jetzt lebst. Trage sie in die Postkarte an die richtige Stelle ein.**
2. **Stelle dir vor, du schickst die Postkarte an Firma XY, Hauptstr. 98d, 10115 Berlin. Trage die Adresse in die Postkarte an der richtigen Stelle ein.**
3. **Unterschreibe die Postkarte.**
4. **Notiere in deinem Heft alle Firmen und Personen, denen du bei einem Umzug deine neue Adresse mitteilen musst. Vergleiche mit deinem Banknachbarn.**

ISBN 978-3-8346-2273-0 | www.verlagruhr.de

Wie beantrage ich einen Nachsendeservice?

Es kann immer passieren, dass man bei einem Umzug vergisst, jemandem seine neue Adresse mitzuteilen. Um ganz sicher zu gehen, dass du weiterhin deine Briefe und Pakete erhältst, kannst du bei der Post einen Nachsendeservice beantragen. Dann schickt die Post dir deine Briefe an die neue Adresse, auch wenn auf dem Brief noch die alte Anschrift steht.
Wenn du solche Briefe nachgesendet bekommst, darfst du im Anschluss aber nicht vergessen, der jeweiligen Firma deine neue Adresse mitzuteilen. Das übernimmt die Post nicht für dich!

Du kannst den Nachsendeservice online beantragen oder in deiner Postfiliale. Dafür musst du deine alte und deine neue Adresse angeben.
Den Nachsendeservice musst du spätestens fünf Werktage vor deinem Umzug beantragen. Noch besser wäre es, wenn du ihn zwei bis drei Monate vorher beantragst.
Ein Nachsendeservice kostet 15,20 €, wenn du deine Post sechs Monate lang nachgesendet bekommen möchtest (Stand November 2012, www.efiliale.de). Für zwölf Monate musst du 25,20 € bezahlen.

Beantworte folgende Fragen in ganzen Sätzen.

a) Warum solltest du einen Nachsendeservice beantragen?

____

____

b) Wo kannst du einen Nachsendeservice beantragen?

____

____

c) Welche Informationen braucht die Post, um deinen Nachsendeservice bearbeiten zu können?

____

____

d) Wie viel kostet ein Nachsendeservice?

____

____

e) Was tust du, wenn du über den Nachsendeservice einen wichtigen Brief erhältst?

____

____

ISBN 978-3-8346-2273-0 | www.verlagruhr.de

Musterbrief für den Widerruf eines Vertrages

Du hast einen Vertrag abgeschlossen und stellst nach reiflicher Überlegung fest, dass du diesen Vertrag doch nicht haben möchtest. In der Regel hast du nach Abschluss des Vertrages zwei Wochen Zeit, ihn zu widerrufen. Tue das per Einschreiben mit Rückschein.
Ein solcher Widerruf könnte folgendermaßen aussehen:

Vorname Nachname
Straße Hausnummer
Postleitzahl Wohnort

Ort, Datum

Name der Firma
Straße Hausnummer
Postleitzahl Wohnort

Widerruf des Vertrages „Vertragsbezeichnung", Vertragsnummer, Kundennummer XXXXXXXXX

Sehr geehrte Damen und Herren,

hiermit möchte ich von meinem Widerrufsrecht Gebrauch machen und meinen XXX-Vertrag, abgeschlossen am XX.XX.XXXX, innerhalb der gesetzlichen Frist widerrufen.

Bitte senden Sie mir in den nächsten Tagen eine schriftliche Bestätigung.
Vielen Dank!

Mit freundlichen Grüßen

Du musst den Vertrag „Abo der Zeitschrift Koch und Küche" bei der Firma Leseratte, Müllerweg 5, 44379 Dortmund widerrufen.
Du hast den Vertrag am 28.09.2012 abgeschlossen.
Schreibe den Brief in dein Heft.

Deine Kundennummer lautet X1356889011FT.
Die Vertragsnummer lautet 239854.

ISBN 978-3-8346-2273-0 | www.verlagruhr.de

Musterbrief auf CD

Musterbrief für die Kündigung eines Vertrages

Du hast einen Vertrag abgeschlossen. Du stellst fest, dass du ihn nicht länger haben willst, weil du ihn dir z.B. nicht länger leisten kannst oder ihn nicht mehr brauchst. Du entschließt dich, den Vertrag zu kündigen. Eine Kündigung muss immer schriftlich erfolgen, damit sie gültig ist. Sie muss in der Regel drei Monate vor Ende des Vertrages erfolgen, prüfe das genau. Versende sie per Einschreiben mit Rückschein. Eine Kündigung könnte so aussehen:

Vorname Nachname
Straße Hausnummer
Postleitzahl Wohnort

Ort, Datum

Name der Firma
Straße Hausnummer
Postleitzahl Wohnort

Kündigung des Vertrages „Vertragsbezeichnung“, Vertragsnummer, Kundennummer XXXXXXXXX

Sehr geehrte Damen und Herren,

hiermit kündige ich meinen XXX-Vertrag (für XXXXX), abgeschlossen am XX.XX.XXXX, fristgerecht zum nächstmöglichen Termin.

Bitte senden Sie mir in den nächsten Tagen eine Kündigungsbestätigung mit Angabe des Vertragsende-Datums.
Vielen Dank!

Mit freundlichen Grüßen

Du musst deinen Vertrag „Haftpflichtversicherung Plus“ bei der Versicherung Schmitt, Hauptstr. 15, 48163 Münster kündigen. Du hast den Vertrag am 18.10.2012 abgeschlossen. Schreibe den Brief in dein Heft. Deine Kundennummer ist die PR5253z494. Die Vertragsnummer lautet 8847245.

ISBN 978-3-8346-2273-0 | www.verlagruhr.de

Checkliste für den Lebensordner

Diese Post sollte ich sammeln:	
Diese Elemente gehören in einen Brief:	
In diesem Fall sollte ich ein Einschreiben mit Rückschein nutzen:	
Für den Widerruf eines Vertrages habe ich so viel Zeit:	
Für die Kündigung eines Vertrages habe ich so viel Zeit:	

ISBN 978-3-8346-2273-0 | www.verlagruhr.de

Was bedeutet was?

Beleg:	Ein Beleg ist ein Dokument, das einen bestimmten Vorgang dokumentiert, z.B. das Bezahlen einer Rechnung.
Bescheid:	Ein Bescheid ist ein Schreiben, das über einen bestimmten Verwaltungsvorgang informiert.
Betreff:	In den Betreff schreibst du, worum es in deinem Brief/deiner Mail geht.
GEZ:	An die GEZ zahlst du Gebühren für Fernsehen und Radio.
Mahnung:	Eine Mahnung bekommst du, wenn du eine Rechnung nicht pünktlich bezahlt hast. Es ist eine Zahlungserinnerung bzw. eine Aufforderung, zu zahlen.
Stadtwerke:	Die Stadtwerke können dich z.B. mit Strom oder Gas versorgen.

ISBN 978-3-8346-2273-0 | www.verlagruhr.de

Verträge

Warum einen Berufsausbildungsvertrag?

In der 10. Klasse musst du dich entscheiden, was du nach der Schule machen möchtest oder ob du weiter eine Schule besuchst. Entscheidest du dich für eine Berufsausbildung, musst du dich bei verschiedenen Betrieben deiner Wahl dafür bewerben. Wenn du das Vorstellungsgespräch erfolgreich gemeistert hast, wird dir ein Berufsausbildungsvertrag vorgelegt, den du und, je nachdem, wie alt du bist, auch deine Eltern unterschreiben müssen. In dem Vertrag sind wesentliche Punkte verbindlich geregelt, wie z.B. dein Gehalt und deine Arbeitszeit. Diese Punkte müssen von dir, aber auch von deinem Chef und deiner Schule eingehalten werden.

In dem Wort „Berufsausbildungsvertrag“ verstecken sich drei Nomen.
Welche sind das? Schreibe sie in die Kästchen.
Was verbindest du mit den drei Nomen?
Sortiere die Begriffe, die dir dazu einfallen, drumherum.
Stelle deine Mindmap der Klasse vor.

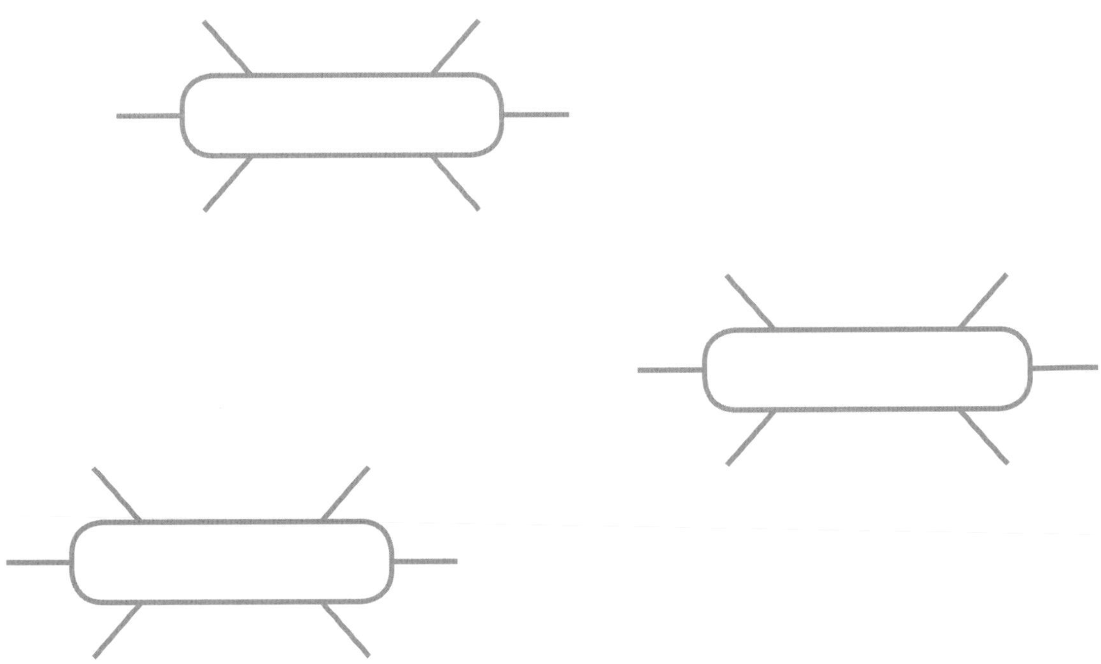

ISBN 978-3-8346-2273-0 | www.verlagruhr.de

Was steht in deinem Berufsausbildungsvertrag? (1/2)

Der Berufsausbildungsvertrag wird zwischen dem Auszubildenden – also dir – und dem Ausbildungsbetrieb geschlossen. Der Vertrag kann zunächst mündlich vereinbart werden. Er muss aber vor Ausbildungsbeginn schriftlich vorliegen.

Bei minderjährigen Auszubildenden müssen die Eltern ihr Einverständnis erklären.

In deinem Berufsausbildungsvertrag wird u.a. Folgendes geregelt:

- Name und Adresse von dir und deinem Ausbildungsbetrieb
- das Ziel der Ausbildung
- die Art der Ausbildung
- der Ablauf und der Ort der Ausbildung
- die Ausbildungsmaßnahmen außerhalb des Betriebes
- der Beginn und die Dauer der Ausbildung
- die Dauer der Probezeit
- die tägliche Arbeitszeit
- die Urlaubsdauer
- die Ausbildungsvergütung
- die Bedingungen der Kündigung
- die Unterschriften von dir, deinem Ausbildungsbetrieb und eventuell von deinen Eltern

(www.bmbf.de)

All diese Punkte müssen in deinem Berufsausbildungsvertrag stehen.

Das ist in Deutschland gesetzlich geregelt, um jedem Auszubildenden eine gute Ausbildung zu ermöglichen. Dieses Gesetz heißt Berufsbildungsgesetz (BBiG).

Bevor du den Vertrag unterschreibst, musst du ihn aufmerksam lesen und Fehler, die dir auffallen, deinem Chef mitteilen. Kleine Fehler, z.B. bei der Adresse, können sich schnell „einschleichen“, müssen aber verbessert werden.

1. **Beantworte folgende Fragen in deinem Heft:**
   a) **In welchem Fall müssen deine Eltern den Ausbildungsvertrag mit unterschreiben?**
   b) **Begründe in eigenen Worten, warum es ein Berufsbildungsgesetz geben muss.**
2. **Dir fällt auf, dass im Vertrag dein Geburtsdatum falsch ist.**
   Übe im Rollenspiel, wie du deinem Chef den Fehler mitteilst.

Herr Schmidt, mir ist beim Lesen des Vertrages Folgendes aufgefallen ...

...

ISBN 978-3-8346-2273-0 | www.verlagruhr.de

Was steht in deinem Berufsausbildungsvertrag? (2/2)

Im Internet findest du unter www.bmbf.de/pubRD/bbig.pdf das Berufsbildungsgesetz.

Pflichten der Auszubildenden

§ 13

Verhalten während der Berufsausbildung

Auszubildende haben sich zu bemühen, die berufliche Handlungsfähigkeit zu erwerben, die zum Erreichen des Ausbildungsziels erforderlich ist. Sie sind insbesondere verpflichtet,

1. die ihnen im Rahmen ihrer Berufsausbildung aufgetragenen Aufgaben sorgfältig auszuführen,
2. an Ausbildungsmaßnahmen teilzunehmen, für die sie nach § 15 freigestellt werden,
3. den Weisungen zu folgen, die ihnen im Rahmen der Berufsausbildung von Ausbildenden, von Ausbildern oder Ausbilderinnen oder von anderen weisungsberechtigten Personen erteilt werden,
4. die für die Ausbildungsstätte geltende Ordnung zu beachten,
5. Werkzeug, Maschinen und sonstige Einrichtungen pfleglich zu behandeln,
6. über Betriebs- und Geschäftsgeheimnisse Stillschweigen zu wahren.

Pflichten der Ausbildenden

§ 14

Berufsausbildung

(1) Ausbildende haben

1. dafür zu sorgen, dass den Auszubildenden die berufliche Handlungsfähigkeit vermittelt wird, die zum Erreichen des Ausbildungsziels erforderlich ist, und die Berufsausbildung in einer durch ihren Zweck gebotenen Form planmäßig, zeitlich und sachlich gegliedert so durchzuführen, dass das Ausbildungsziel in der vorgesehenen Ausbildungszeit erreicht werden kann,
2. selbst auszubilden oder einen Ausbilder oder eine Ausbilderin ausdrücklich damit zu beauftragen,
3. Auszubildenden kostenlos die Ausbildungsmittel, insbesondere Werkzeuge und Werkstoffe zur Verfügung zu stellen, die zur Berufsausbildung und zum Ablegen von Zwischen- und Abschlussprüfungen, auch soweit solche nach Beendigung des Berufsausbildungsverhältnisses stattfinden, erforderlich sind,
4. Auszubildende zum Besuch der Berufsschule sowie zum Führen von schriftlichen Ausbildungsnachweisen anzuhalten, soweit solche im Rahmen der Berufsausbildung verlangt werden, und diese durchzusehen,
5. dafür zu sorgen, dass Auszubildende charakterlich gefördert sowie sittlich und körperlich nicht gefährdet werden.

(2) Auszubildenden dürfen nur Aufgaben übertragen werden, die dem Ausbildungszweck dienen und ihren körperlichen Kräften angemessen sind.

Schaue dir §13 und §14 genauer an. Zeichne eine Tabelle in dein Heft. Ergänze die Tabelle in eigenen Worten.

Pflichten des Auszubildenden (Lehrling) §13	*Pflichten des Ausbildenden (Chef)* § 14

ISBN 978-3-8346-2273-0 | www.verlagruhr.de

Unterlagen für die Einstellung (1/2)

Bevor du deinen neuen Beruf antreten kannst, musst du im Personalbüro verschiedene Unterlagen einreichen. Diese Unterlagen müssen spätestens zum Arbeitsbeginn vorliegen.
Erkundige dich am besten, was gebraucht wird, falls du nicht ohnehin frühzeitig informiert wirst.
Zu diesen Unterlagen gehören in der Regel:

- **die Lohnsteuerkarte**
Auf der Lohnsteuerkarte kann abgelesen werden, was du verdienst und wie viele Steuern du bezahlt hast. Ab 2013 gibt es nur noch eine elektronische Steuerkarte. Davor bekam man ein Dokument von der Stadtverwaltung. Du musst deinem Arbeitgeber deine Steueridentifikationsnummer, dein Geburtsdatum und deine Religionszugehörigkeit nennen und bestätigen, dass es sich um dein erstes Dienstverhältnis handelt. Dann kann er die nötigen Informationen online abrufen. Die Steueridentifikationsnummer wird dir automatisch zugeschickt.

- **deine Krankenversicherung**
Als Auszubildender bist du verpflichtet, dich in einer Krankenkasse anzumelden. Eine Bestätigung für deine Mitgliedschaft bei einer Krankenkasse bekommst du bei deiner Krankenkasse.

- **der Sozialversicherungsnachweis**
Der Sozialversicherungsnachweis wird über deine Krankenkasse beantragt und dir per Post zugesendet. Das kann eine Weile dauern. Aus dem Nachweis geht später hervor, wie viel Rente du bekommen wirst.

- **eine ärztliche Bescheinigung**
In einigen Berufen musst du nachweisen, dass du keine ansteckende Krankheit hast. Die Bescheinigung dafür bekommst du beim Gesundheitsamt.

- **das polizeiliche Führungszeugnis**
Manchmal musst du auch ein polizeiliches Führungszeugnis vorlegen. Aus dem Zeugnis geht hervor, ob du irgendwelche Straftaten begangen hast. Dieses Zeugnis kannst du persönlich beim Einwohnermeldeamt (auch Bürgerbüro/Bürgeramt) beantragen. Du brauchst dafür einen Personalausweis.

- **deine Bankverbindung**
Deine Bankverbindung musst du angeben, damit dein Arbeitgeber deinen Lohn auf dein Girokonto überweisen kann. Ein Girokonto kannst du bei jeder Bank oder Sparkasse eröffnen.

ISBN 978-3-8346-2273-0 | www.verlagruhr.de

Unterlagen für die Einstellung (2/2)

1. Ergänze die Tabelle mit Hilfe der Informationen aus dem Text auf S. 37.

Unterlagen für die Einstellung	*Woher bekomme ich die Unterlagen?*

2. Finde im Internet heraus, wie Adresse und Öffnungszeiten des Einwohnermeldeamts (auch Bürgerbüros/Bürgeramts) in deiner Stadt lauten.

____

____

3. Wo ist das Gesundheitsamt deiner Stadt?
Suche es im Internet unter www.google.de, indem du das Stichwort „Gesundheitsamt" und den Namen deiner Stadt eingibst.

Gesundheitsamt

____

____

ISBN 978-3-8346-2273-0 | www.verlagruhr.de

Warum einen Arbeitsvertrag?

Nachdem du deine Berufsschulpflicht erfüllt und deine Ausbildung beendet hast, kannst du dir einen Job suchen.
Bei einer Zusage solltest du darauf achten, dass du einen schriftlichen Arbeitsvertrag erhältst. Es ist nicht gesetzlich vorgeschrieben, dass ein Arbeitsvertrag schriftlich festgehalten wird. Es gibt auch Arbeitgeber, die nur einen mündlichen Arbeitsvertrag eingehen wollen. Solchen Arbeitgebern solltest du mit gesundem Misstrauen begegnen. Versuche, deinen Arbeitgeber zu einem schriftlichen Vertrag zu überreden. Denn im Arbeitsvertrag werden deine Rechte und Pflichten schriftlich festgehalten, aber auch die deines Arbeitgebers.
In einem Job kann es immer wieder zu Unstimmigkeiten kommen. Du kannst dich mit deinem Chef wegen vieler Dinge streiten: der genauen Arbeitszeit, der Anzahl deiner Urlaubstage, der Höhe deines Lohnes, deinen genauen Aufgaben usw. Daher ist es ratsam, einen Vertrag aufzusetzen. Ansonsten steht Aussage gegen Aussage.

1. Dein Chef will dich einstellen. Aber er will dir eine mündliche Zusage geben. Was spricht dagegen? Was spricht dafür? Sammelt Argumente in der Klasse, und diskutiert darüber.

2. Suche dir einen Partner. Einer von euch ist der Chef, einer der Arbeitnehmer. Dieser muss nun den Chef im Rollenspiel davon überzeugen, dass ihr besser einen schriftlichen Vertrag aufsetzt. Wenn ihr das einmal durchgespielt habt, tauscht ihr die Rollen. Wie überzeugend seid ihr?

ISBN 978-3-8346-2273-0 | www.verlagruhr.de

Was steht in einem Arbeitsvertrag?

Ein Arbeitsvertrag ist eine vertragliche Vereinbarung.
Der Vertrag enthält die wichtigsten Absprachen zwischen Arbeitgeber und Arbeitnehmer.
Sollte es zwischen dir und deinem Chef zu Problemen kommen, kann dir der Arbeitsvertrag möglicherweise vor Gericht helfen.
Daher sollte der Arbeitsvertrag immer schriftlich festgehalten werden.
In dem Arbeitsvertrag müssen folgende Punkte geregelt werden:

- Name und Anschrift der Vertragspartner,
- Beginn und, falls befristet, Dauer des Arbeitsverhältnisses,
- Arbeitsort,
- als was du eingestellt wirst,
- deine genaue Tätigkeit,
- dein genauer Arbeits- bzw. Einsatzort,
- die Höhe deines Lohnes,
- deine genaue Arbeitszeit,
- die Anzahl deiner Urlaubstage,
- die Dauer der Probezeit sowie
- die Kündigungsfrist.

1. **Im Internet kannst du Arbeitsverträge ansehen, wenn du bei www.google.de das Stichwort „Arbeitsverträge" eingibst. Drucke dir einen Vertrag aus und überprüfe, ob die oben genannten Punkte darin geregelt werden. Du kannst dafür auch den Mustervertrag auf der CD nehmen.**

   Arbeitsverträge

2. **Gibt es weitere Punkte, die einem Vertrag geregelt werden können? Schau dir auch dafür Verträge an. Notiere in dein Heft.**

3. **Gibt es Paragrafen in den Verträgen, die du nicht verstehst? Sprich mit einem Partner darüber. Versucht, den Inhalt in eigenen Worten widerzugeben. Diskutiert am Ende in der Klasse über Stellen, wo ihr Verständnisschwierigkeiten hattet.**

ISBN 978-3-8346-2273-0 | www.verlagruhr.de

Welche Arbeitsverträge gibt es?

Es gibt grundsätzlich zwei verschiedene Formen von Arbeitsverträgen: den unbefristeten und den befristeten Arbeitsvertrag.
Bei einem **unbefristeten** Vertrag wird nicht festgelegt, wann er endet. Er endet nur dann, wenn du selbst kündigst oder dir gekündigt wird. Im Prinzip hast du eine Daueranstellung. Je länger du in einem Betrieb arbeitest, desto mehr Rechte hast du z.B. hinsichtlich des Kündigungsschutzes. Außerdem steigen die Chancen, im Betrieb aufzusteigen, also eine höhere Position zu bekommen.

Der **befristete** Arbeitsvertrag enthält bereits den Termin, wann der Vertrag endet. Ein befristeter Arbeitsvertrag ist für dich von Nachteil, weil du dir danach vielleicht einen neuen Job suchen musst. Außerdem hast du keine Aufstiegsmöglichkeiten. Du solltest deinen Chef jedoch vor dem Ende der Frist fragen, ob er den Vertrag verlängern möchte.
Drei Monate vor Ende der Frist musst du zur Agentur für Arbeit und dich arbeitssuchend melden.

1. Du hast einen befristeten Arbeitsvertrag erhalten. Dieser läuft in dreieinhalb Monaten aus. Du gehst nun zu deinem Chef und möchtest wissen, ob er deinen Vertrag verlängern wird. Welche Argumente könntest du für eine Verlängerung anführen? Schreibe drei Argumente in dein Heft. Übe mit einem Partner ein Rollenspiel ein.

Mitarbeiter: *„Herr Schmidt, mein Vertrag endet am 15.05.. Ich würde gerne mit Ihnen darüber reden …“*

Chef: *„…“*

2. Dein Arbeitsvertrag endet an folgenden Daten. Wann musst du spätestens zur Agentur für Arbeit?

a) 31.01.2013 > ______________

b) 15.03.2013 > ______________

c) 01.07.2013 > ______________

ISBN 978-3-8346-2273-0 | www.verlagruhr.de

Der private Kaufvertrag

An einem Kaufvertrag sind immer mindestens zwei Menschen beteiligt: der Käufer und der Verkäufer. Beide müssen die angebotene Ware kaufen bzw. verkaufen wollen. Für die angebotene Ware wird ein Preis festgelegt, den der Käufer dem Verkäufer zahlt. Sobald der Käufer die Ware bezahlt hat, muss der Verkäufer die Ware übergeben.
Man kann einen Kaufvertrag mündlich oder schriftlich abschließen. Meistens ist es sicherer, ihn schriftlich abzuschließen. Denn wenn die mündlichen Absprachen nicht eingehalten werden, wird es schwierig, diese Absprachen zu beweisen. In der Regel steht dann Aussage gegen Aussage.
Mit 18 Jahren bist du **voll geschäftsfähig**. Du kannst Verträge ohne Zustimmung deiner Eltern abschließen. Bis du 18 Jahre alt bist, darfst du die meisten Geschäfte nur mit Zustimmung deiner Eltern abschließen. Du bist also **beschränkt geschäftsfähig**.

1. Welche Kaufverträge hast du schon abgeschlossen?

____

____

2. Welche Kaufverträge wirst du vermutlich noch abschließen, wenn du einen Führerschein machst oder zu Hause ausziehst?

____

____

3. Auf der CD findest du einen allgemeinen Kaufvertrag. Fülle ihn beispielhaft aus. Du kannst z.B. dein gebrauchtes Handy an deinen Mitschüler oder Lehrer verkaufen.

ISBN 978-3-8346-2273-0 | www.verlagruhr.de

Musterkündigung auf CD

Der Telefonvertrag

Einen Telefonvertrag kannst du bei verschiedenen Firmen abschließen.
Die Verträge beinhalten unterschiedliche Gebühren
und verschiedene Produkte/Angebote.
Du kannst einen reinen Telefonvertrag abschließen, aber auch
einen Telefonvertrag zusammen mit einem Internetanschluss.
Wichtig ist, dass du dir überlegst, was du genau haben willst
und welche Produkte du dir leisten kannst.
Außerdem solltest du beachten, wie lang die Laufzeit des Vertrages ist.
Einige Verträge enden bereits nach einem Jahr, andere erst nach zwei Jahren.
Innerhalb von zwei Jahren können die Preise erheblich sinken,
aber dann bist du an deinen unterschriebenen Vertrag gebunden.

1. **Schreibe alle Telefonanbieter in dein Heft, die du kennst.**
   Die Internetseite www.telefonanbieter-preisvergleich.de hilft dir dabei.

2. **Vergleiche die Preise dreier verschiedener Anbieter.**
   Ergänze die Tabelle.

Firma	Produkte/ Angebote	Geschwindigkeit des Internets	Kosten pro Monat	Laufzeit

ISBN 978-3-8346-2273-0 | www.verlagruhr.de

Der Handyvertrag

Musterkündigung auf CD

Es gibt zahlreiche Firmen, die einen Handyvertrag anbieten. Oftmals tun sie das in Kombination mit einem neuen Handy. Wenn du also bei einer bestimmten Firma einen Vertrag unterschreibst, bekommst du zu einem bestimmten, ermäßigten Preis ein neues Handy dazu. Du kannst das Gerät z.B. mit einer monatlichen Rate abzahlen.
Diese monatlichen Raten können den Preis aber erst mal erheblich kleiner aussehen lassen, als er es wirklich ist.
Bevor du einen solchen Vertrag unterschreibst, solltest du genau überlegen, was du haben möchtest und wie dein Telefonierverhalten ist. Die Verträge fallen sehr unterschiedlich aus und können eine Flatrate für das Telefonieren, für SMS oder für MMS enthalten. Außerdem bieten viele Firmen eine Flatrate für das Internet an.

Statt eines Vertrages kannst du auch eine Prepaid-Karte kaufen und diese Karte immer wieder aufladen. Beim Kauf einer Prepaid-Karte gibt es aber in der Regel kein Handy dazu. Dennoch solltest du auch über diese Möglichkeit nachdenken. Oft kannst du auch ein relativ günstiges Gerät erstehen oder dir ein gebrauchtes Handy zulegen. Vielleicht hast du auch eines, was ohnehin noch einwandfrei funktioniert?
Die Nutzung des Handys sollte einfach kostengünstig sein.

1. Überlege dir, welche Leistungen dein Handytarif umfassen sollte. Begründe die Leistungen. Tausche dich mit deinem Partner aus.

____

____

2. Unter www.handytarifevergleich.org kannst du Tarife vergleichen. Vergleiche die angebotenen Tarife mit deinen Wünschen. Wie viel Geld musst du zahlen? Gibt es günstigere Tarife?

____

____

3. Schreibe beispielhaft den Tarif deiner Wahl auf. Welche Kosten fallen an?

____

____

ISBN 978-3-8346-2273-0 | www.verlagruhr.de

Anmeldung bei der Gebühreneinzugszentrale (GEZ)

In Deutschland gibt es eine gesetzliche Gebührenpflicht für Menschen, die Fernsehen gucken oder Radio hören. Wenn du ein Radio, einen Fernseher oder „neuartige Rundfunkgeräte", wie internetfähige PCs, hast, musst du eine Gebühr an die Gebühreneinzugszentrale (GEZ) zahlen. Wenn du diese Gebühr bezahlt hast, darfst du Programme wie ARD, ZDF oder WDR sehen.

Die Anmeldung für ein Radio kostet für drei Monate 17,28 € und die Anmeldung eines Fernsehers kostet für drei Monate 53,94 € (Stand November 2012).

Solltest du Sozialgeld oder Arbeitslosengeld II erhalten, kannst du dich von der Gebühr befreien lassen. Dafür musst du nachweisen, dass du Unterstützung vom Staat bekommst. Anmelden musst du deine Geräte aber auf jeden Fall.

Bei der GEZ kannst du dich online anmelden oder einen Vordruck ausfüllen. Diesen Vordruck bekommst du bei jeder Bank oder Sparkasse. Du findest ihn aber auch online unter www.gez.de/online_service/anmelden/index_ger.html zum Ausdrucken.

Die Zahlung der GEZ-Gebühr darfst du nicht ohne Begründung beenden. Du musst in einem Antrag schriftlich begründen, warum du keine GEZ-Gebühr mehr zahlen willst. Ein solcher Grund kann sein, dass dein Fernseher und dein Radio kaputtgegangen sind und du derzeit kein Geld hast, um einen Ersatz zu kaufen. Den Vordruck für die Abmeldung findest du unter www.gez.de/e160/e161/e1137/abmeldung_privat.pdf

1. **Beantworte folgende Fragen schriftlich in deinem Heft.**
   a) Wer muss die Gebühr bezahlen?
   b) Wie viel kostet die Anmeldung eines Fernsehers/neuartigen Rundfunkgeräts für drei Monate? Wie viel kostet es in einem Jahr?
   c) Wie viel kostet die Anmeldung eines Radios/neuartigen Rundfunkgeräts für drei Monate? Wie viel kostet es in einem Jahr?
   d) Wie kannst du dich bei der GEZ anmelden?
2. **Überprüfe, ob die Gebühren noch die oben angegebenen sind.**
3. **Drucke dir die Anträge auf An- und auf Abmeldung von der Homepage der GEZ aus und fülle sie aus. Vergleiche mit einem Partner. Überlege dir für die Abmeldung einen Grund.**

ISBN 978-3-8346-2273-0 | www.verlagruhr.de

Der Fernsehanbietervertrag

Du kannst Fernsehen über Kabel, Satellit sowie Internet empfangen. Abhängig vom Empfangsgerät kannst du einen Anbieter auswählen.
In vielen Mietswohnungen ist der Anbieter allerdings bereits vorgegeben. Außerdem ist manchmal die Anbringung einer Satellitenanlage nicht erlaubt. Das musst du vorher mit deinem Vermieter klären.
Bei der Auswahl eines Fernsehanbieters solltest du vorher überlegen, welche Leistungen (= Programmpakete) du benötigst. Je mehr Leistungen du buchst, desto teurer wird es. Zudem musst du überprüfen, welche Anbieter dein Wohngebiet versorgen.
Es gibt auch Anbieter, die dir Fernsehen, Telefon, Internet und Handy in einem Paket anbieten. Es lohnt sich in jedem Fall, ein solches Paket durchzurechnen, denn es kann kostengünstiger sein.

1. Befrage deine Eltern.

Wie heißt euer Fernsehanbieter?	
Wie teuer ist dieser Anbieter?	
Welche Leistungen habt ihr gebucht?	
Hattet ihr schon mal Probleme mit dem Anbieter?	

**2. Erstellt in der Klasse eine Wandzeitung, die die Ergebnisse eurer Befragung zusammenfasst.
Wie ihr die Zeitung gestaltet, ist euch überlassen.
Ihr könnt mit Sprechblasen arbeiten, die die Aussagen eurer Eltern beinhalten.
Ihr könnt auch mit Diagrammen wiedergeben, wie viele Leute welche Leistungen beziehen, wie viele Personen einen bestimmten Anbieter gewählt haben, wie viele Personen wie viel zahlen etc.**

**3. Vergleicht abschließend tabellarisch die Kosten und Leistungen der verschiedenen Anbieter.
Dazu könnt ihr natürlich auch im Internet recherchieren.**

ISBN 978-3-8346-2273-0 | www.verlagruhr.de

Musterkündigung auf CD

Der Sport- und Fitnessvertrag

In einem Fitnessstudio kannst du gegen eine monatliche Gebühr Sport treiben. Die Vorteile eines Fitnessstudios liegen darin, dass es viele Sportangebote gibt, die du unabhängig vom Wetter nutzen kannst. Der Nachteil ist, dass du für die Nutzung einen Vertrag unterschreiben musst, an den du gebunden bist. Du zahlst jeden Monat deinen Beitrag – egal ob du zum Sport gehst oder nicht.
Je länger der Zeitraum ist, für den du den Vertrag unterschreibst, desto niedriger werden die monatlichen Kosten. Oftmals wird dir auch angeboten, die Mitgliedsgebühr für ein oder zwei Jahre im Voraus zu bezahlen. Dabei kannst du eine Menge Geld sparen. Aber Vorsicht: Wenn du keinen Sport mehr treiben kannst, du umziehst o.Ä., kann es schwierig werden, dein Geld zurückzubekommen.
Überlege dir also vorher genau, für wie lange du unterschreiben möchtest. Viele Fitnessstudios bieten auch ein Probetraining an. Dieses solltest du nutzen, um zu sehen, ob es das richtige für dich ist.

1. **Gehe in ein Fitnessstudio deiner Wahl, und lasse dich beraten.**
   - Welche Arten der Mitgliedschaft gibt es?
   - Welche Vertragslängen gibt es?
   - Welche Zahlungsweisen gibt es?
   - Wie sehen die Kündigungsbedingungen aus?

   Notiere in deinem Heft, was du herausfindest.
   Tragt eure Ergebnisse in der Klasse zusammen.
2. **Welches der Angebote wäre für dich das passendste?**
3. **Du möchtest regelmäßig Sport treiben. Überlege dir Möglichkeiten, wie du das in deiner Stadt tun kannst.**
4. **Sammelt die Sportangebote eurer Stadt an der Tafel.**
5. **Teilt die Sportangebote auf, und holt Informationen dazu ein (z.B. Sportart, Kosten, Öffnungszeiten, Anfahrt).**
6. **Stellt die Sportangebote eurer Stadt vor.**

ISBN 978-3-8346-2273-0 | www.verlagruhr.de

Das Girokonto

Ein Girokonto kannst du in jeder Bank oder Sparkasse eröffnen. Du brauchst es, um deinen Lohn zu erhalten, aber auch um deine Miete oder deine Rechnungen zu bezahlen. Um ein Girokonto zu eröffnen, benötigst du nur deinen Personalausweis. Mit dem Personalausweis gehst du zur Bank oder Sparkasse und sagst dem Mitarbeiter, dass du ein Girokonto eröffnen möchtest. Er wird dies entweder sofort ermöglichen oder mit dir einen Termin vereinbaren.
Es lohnt sich, mehrere Banken oder Sparkassen zu vergleichen, denn die Kosten für ein Girokonto sind unterschiedlich hoch. Die Bank oder Sparkasse kann Geld dafür verlangen, dass du bei ihr ein Girokonto hast. Außerdem kann sie für jeden Auftrag, den du erteilst, Geld berechnen.
Du kannst bei einer Bank oder Sparkasse auch ein Online-Girokonto einrichten lassen. Das ist ein Konto, das du über das Internet bedienen kannst. Diese Konten sind in der Regel kostenlos.
Bei der Einrichtung des Girokontos musst du einige Papiere unterschreiben. Lies sie genau durch. Wenn du etwas nicht verstehst, frage den Mitarbeiter. Lasse dir von allen unterschriebenen Papieren eine Kopie anfertigen. Bewahre die Kopien gut auf.

1. Du möchtest ein Girokonto bei einer Bank oder Sparkasse einrichten. Welche Fragen solltest du dem Mitarbeiter stellen? Schreibe sie auf.

____

____

2. Worauf musst du achten, wenn du ein Girokonto eröffnest? Schreibe vier Regeln auf. Der Text hilft dir dabei.

1. ______________________________
____
2. ______________________________
____
3. ______________________________
____
4. ______________________________
____

ISBN 978-3-8346-2273-0 | www.verlagruhr.de

Der Strom- und Gasanbieter

In deiner Stadt gibt es viele verschiedene Strom- und Gasanbieter. Du kannst zwischen diesen Anbietern auswählen. In der Regel wirst du vom örtlichen Strom- und Gasanbieter versorgt, den Stadtwerken. Dieser Anbieter ist aber nicht zwangsläufig auch der günstigste. Strom brauchst du immer. Ob du Gas brauchst, hängt von deiner Heizung ab.
Im Internet (www.verivox.de) oder bei der Verbraucherzentrale kannst du die Strom- und Gasanbieter miteinander vergleichen und viel Geld sparen. Aber aufgepasst: Nicht immer ist der günstigste Strom- und Gasanbieter auch der beste. Es kann passieren, dass der Kundenservice schlecht ist. Dann wird es für dich schwierig, zu deinem Recht zu kommen.

Auch muss man bei den Angeboten sehr genau hinschauen. So kann es z.B. sein, dass du den Stromverbrauch, den du vorher veranschlagst, sehr günstig bekommst, aber für alles, was darüber hinausgeht, einen sehr viel höheren Tarif zahlen musst. Auch auf die Zahlweise solltest du achten: Bei manchen günstigen Anbietern musst du dich für lange Zeit vertraglich verpflichten und kannst z.B. nur jährlich die Abschläge zahlen.
Wenn du den Strom- und Gasanbieter wechselst, bekommst du weiterhin Strom und Gas, bis der neue Anbieter es liefert. Es kann dir nicht passieren, dass du auf einmal keinen Strom oder kein Gas mehr hast.

1. **Vergleiche unter www.verivox.de deine Stadtwerke mit einem anderen Strom- und Gasanbieter, und fülle die Tabelle aus.**
   a) Kannst du Geld sparen? Wie viel?
   Sieh dir dafür die Vertragsbedingungen der beiden Anbieter genau an (Laufzeit, Häufigkeit der Abschlagszahlungen etc.).
   Entscheide dich für ein Angebot, das deinen Bedürfnissen entspricht, und vergleiche dann die Preise.
   b) Findest du Kundenmeinungen zu den Stadtwerken? Positive oder negative?
   c) Vergleiche die Kundenmeinungen mit dem anderen Strom- und Gasanbieter.

	Örtliche Stadtwerke	**Alternativer Anbieter**
Bedingungen und Preise für Angebot deiner Wahl		
Kundenmeinungen		

2. **Für welchen Anbieter würdest du dich entscheiden? Begründe deine Meinung.**

ISBN 978-3-8346-2273-0 | www.verlagruhr.de

Checkliste für den Lebensordner

Diese Unterlagen muss ich zur Einstellung mitbringen:	
Hier bekomme ich die Unterlagen für meine Einstellung:	
Diese Punkte sollten in meinem Ausbildungs-/Arbeitsvertrag geregelt sein:	
Für den Widerruf eines Vertrages habe ich so viel Zeit:	
Für die Kündigung eines Vertrages habe ich so viel Zeit:	

ISBN 978-3-8346-2273-0 | www.verlagruhr.de

Was bedeutet was?

Berufsschulpflicht	Wenn du in Deutschland nach der neunten oder zehnten Klasse die Schule verlässt, hast du weiterhin eine Berufsschulpflicht. Die richtet sich nach der Dauer deiner Ausbildung.
Krankenversicherung	Eine Krankenversicherung erstattet dir die Arztkosten, wenn du bei ihr versichert bist, und zahlt auch einen Teil der Medikamente.
Sozialversicherung	Eine Sozialversicherung ist eine Versicherung, die du haben musst. Der Beitrag wird automatisch von deinem Lohn abgezogen.
Lohnsteuerkarte	Die Lohnsteuerkarte ist ein Dokument, das wichtige Daten über deine Lohnabrechnung enthält. Mit Hilfe der Lohnsteuerkarte wird festgelegt, wie viele Steuern du zahlen musst.
Steueridentifikationsnummer	Jeder Mensch in Deutschland hat eine eigene Steueridentifikationsnummer. Das ist eine lange Nummer, die sich aus Zahlen zusammensetzt. Unter dieser Nummer sind alle deine persönlichen Steuerdaten gespeichert.
voll geschäftsfähig sein	Mit 18 erhältst du in der Regel die volle Geschäftsfähigkeit. Du darfst Verträge alleine unterzeichnen.
beschränkt geschäftsfähig sein	Bis du 18 bist, hast du eine beschränkte Geschäftsfähigkeit. Deine Eltern müssen Verträge mitunterschreiben.
Laufzeit	Die Laufzeit bestimmt, wie lange dein Vertrag gültig ist – also wie lange er läuft.
Flatrate	Eine Flatrate ist ein Pauschaltarif. Du zahlst für bestimmte Leistungen eine bestimmte Summe, egal ob du die Leistung viel oder wenig nutzt.
Prepaid	„Prepaid" kommt aus dem Englischen und heißt „vorausbezahlt". Du bezahlst eine Leistung, bevor du sie nutzen kannst. Z.B. kannst du dein Handy mit einer Nummer aufladen und dann so lange telefonieren, bis das Geld aufgebraucht ist.

ISBN 978-3-8346-2273-0 | www.verlagruhr.de

Ämter und Formulare

Was sind Ämter?

Deutschland ist ein Staat mit über 80 Millionen Einwohnern.
Damit die vielen Menschen in Deutschland friedlich miteinander leben können, hat der Staat drei wesentliche Aufgabenbereiche:

- das Aufstellen von Gesetzen
- die Rechtsprechung
- das Durchsetzen und Überwachen der Gesetze

Da Deutschland ein demokratischer Rechtsstaat ist, liegen diese drei Bereiche nicht in einer Hand, sondern sind auf drei „Abteilungen“ aufgeteilt. Dadurch ist die Macht geteilt.

- Das Aufstellen von Gesetzen ist die Aufgabe des Parlaments und der Regierung.
- Die Rechtsprechung ist Aufgabe der Gerichte.
- Das Durchsetzen und Überwachen der Gesetze übernehmen die Behörden. Das sind Ämter, wie das Standesamt, das Einwohnermeldeamt, das Jugendamt, die Polizei usw. Die Mitarbeiter des Staates führen in Ämtern das aus, was durch Gesetze und Verordnungen beschlossen wurde.

Die drei „Abteilungen“ müssen ganz unabhängig voneinander arbeiten, damit sich in keiner Abteilung zu viel Macht ansammelt.
Im Gegenteil: Sie sollen sich gegenseitig kontrollieren.

(Infos nach: www.wasistwas.de/geschichte/leseproben.html?showid=290&action=show&buchid=97)

1. **Unten sind bereits einige Ämter genannt.**
   Ordne Aufgaben und Ämter einander zu.
   Wenn du Begriffe nicht kennst, nutze das Internet.

2. **Sammelt in der Klasse weitere Ämter und ihre Aufgaben.**
   Nutzt ggf. das Internet.

Agentur für Arbeit	Ausstellen von Fahrzeugpapieren
Jobcenter	Überwachung der Meldepflicht
Standesamt	Vermittlung von ALG II
Kfz-Zulassungsstelle	Durchführung von Eheschließungen
Einwohnermeldeamt	Vermittlung von Ausbildungsstellen

ISBN 978-3-8346-2273-0 | www.verlagruhr.de

Der Gang zum Amt

In ein Amt kann man nicht einfach gehen wie in einen Supermarkt.
Man muss einiges beachten:

- Ämter haben besondere Öffnungszeiten. Die meisten Ämter haben am Nachmittag nur bis 16.00 Uhr geöffnet. Oft gibt es aber einen längeren Öffnungstag. Die Öffnungszeiten kann man telefonisch oder mit Hilfe des Internets herausfinden.
- In vielen Ämtern gibt es in der Nähe des Eingangs eine Anmeldung. Hier muss man erklären, weshalb man da ist. Die Mitarbeiter geben dann vor, in welchem Zimmer man sich melden muss bzw. wo man warten muss.
  Manchmal gibt es keine Anmeldung, sondern nur eine Information am Eingang. Hier kann man ebenfalls erklären, was man mochte, oder Fragen stellen.
- Oft sind Ämter in Gebäuden mit mehreren Etagen. Die erste Ziffer der Zimmernummer enthält in der Regel einen Hinweis auf die Etage (z.B. Zimmer 254 = 2. Etage).
- In manchen Ämtern gibt es Wartebereiche mit Nummernautomaten. Hier zieht man eine Wartenummer. Ist man an der Reihe, so erscheinen auf einer Anzeigetafel die Nummer und meistens auch eine Zimmernummer. Man muss hier gut aufpassen. Verpasst man seine Nummer, so muss man erneut ziehen und wieder warten.
- Manchmal kann man direkt zu dem Zimmer eines Sachbearbeiters gehen. Hier klopft man an die Zimmertür und erkundigt sich, wann man eintreten kann.
- Für manche Dinge muss man sich vorher telefonisch anmelden. Das trifft vor allem dann zu, wenn man einen bestimmten Mitarbeiter sprechen möchte. Ist man sich nicht sicher, so kann man vorher anrufen und fragen, ob eine Anmeldung nötig ist.
- Teilweise sind die Mitarbeiter den Nachnamen der Bürger zugeordnet. Das bedeutet, dass ein Mitarbeiter z.B. für alle Bürger zuständig ist, deren Nachname mit einem Buchstaben von A–F beginnt (Frau Ackermann, Herr Benz …). Hier muss man gucken, welcher Mitarbeiter dem eigenen Nachnamen zugeordnet ist.
- Oft muss man in Ämtern lange warten, bis man an der Reihe ist. Man sollte also Zeit, Geduld und vielleicht etwas zur Beschäftigung mitbringen.
- Wenn man nicht alle nötigen Unterlagen dabei hat, kann einem in der Regel nicht weitergeholfen werden. Darum sollte man vorher auf jeden Fall telefonisch herausfinden, welche Unterlagen man braucht.

Suche dir einen Partner. Entwerft gemeinsam ein Plakat mit den wichtigsten Regeln zum Thema „Der Besuch beim Amt“. Verfasst klare und kurze Sätze.

ISBN 978-3-8346-2273-0 | www.verlagruhr.de

Das Einwohnermeldeamt

Jeder Bürger in Deutschland ist verpflichtet, sich in der Stadt oder Gemeinde, in der er lebt, anzumelden und die aktuelle Adresse anzugeben.
Um das zu erledigen, muss man ein Einwohnermeldeamt aufsuchen.
Viele Städte haben ihre Einwohnermeldeämter mit anderen Ämtern (z.B. dem Straßenverkehrsamt und dem Standesamt) zusammengelegt.
Sie heißen jetzt z.B. „Bürgerdienste“, „Bürgerservice“, „Bürgeramt“ oder „Bürgerbüro“.
Man kann dort viele Dienste an einem Ort bekommen.
In der Regel kann man in einem Einwohnermeldeamt u.a. Folgendes erledigen:

- An- und Ummeldungen ☐
- Beantragung des Personalausweises ☐
- Beantragung des Reisepasses/Kinderreisepasses ☐
- Eintragungen von Namensänderungen ☐
- Ausstellungen von Beglaubigungen ☐
- Beantragung eines Führungszeugnisses ☐
- (Zulassung eines Fahrzeuges) ☐
- (Beantragung von Wohngeld) ☐

1. Finde die Adresse und die Öffnungszeiten des Einwohnermeldeamtes deiner Nähe heraus. Nutze dafür das Internet, die Gelben Seiten oder das Telefonbuch.

2. Finde heraus, ob du alle oben angegebenen Dinge in deinem Einwohnermeldeamt erledigen kannst. Hake ab.

Das Einwohnermeldeamt in meiner Nähe:

Straße und Hausnummer:

____

Postleitzahl und Stadt:

____

Telefonnummer:

____

Die Öffnungszeiten:

Montag: ____________________

Dienstag: ____________________

Mittwoch: ____________________

Donnerstag: ____________________

Freitag: ____________________

ISBN 978-3-8346-2273-0 | www.verlagruhr.de

Die Anmeldung, Ummeldung und Abmeldung

Ist man neu in eine Stadt/Gemeinde gezogen, so muss man sich in der Regel innerhalb von einer Woche beim Einwohnermeldeamt (bzw. Bürgerdienste, Bürgerbüro …) anmelden und die neue Adresse bekannt geben.
Zieht man im Stadtgebiet um, so muss man sich innerhalb von einer Woche (in manchen Orten zwei Wochen) ummelden.
Erledigt man dies erst später, so ist das eine „Ordnungswidrigkeit". Es kann dann sein, dass man ein Bußgeld zahlen muss.
Man benötigt zum An- und Ummelden verschiedene Unterlagen.
Dies können folgende Unterlagen sein:

- Personalausweise oder Reisepässe der anzumeldenden Personen
- Meldeformular des Einwohnermeldeamts (bekommt man vor Ort)
- Kinderausweise bzw. Geburtsurkunden der mit zuziehenden Kinder
- Miet- oder Kaufvertrag (i.d.R. aber nicht nötig)
- Wenn ein Auto umgemeldet wird: Fahrzeugschein und Fahrzeugbrief (= Zulassungsbescheinigung I und II), elektronische Versicherungsbestätigung (bekommst du von der Autoversicherung), Berichte über die aktuelle Hauptuntersuchung (TÜV) und Abgasuntersuchung

Nicht jede Gemeinde/Stadt verlangt alle diese Unterlagen. Es ist sinnvoll, vor dem Besuch anzurufen und sich zu informieren.
Wenn man in eine andere Stadt zieht, so muss man sich nicht mehr abmelden.
Dies ist nur dann nötig, wenn man Deutschland ganz verlässt und in ein anderes Land zieht.

**1. Rufe beim Einwohnermeldeamt deiner Gemeinde/Stadt an.
Erkundige dich, welche Unterlagen du für die Ummeldung eines Wohnsitzes mitbringen musst. Übe das Telefonat vorher mit einem Mitschüler.**

**2. Um dich an- und umzumelden, benötigst du ein Meldeformular.
Dies bekommst du im Einwohnermeldeamt.
Vielleicht benötigst du Hilfe beim Ausfüllen.
Mit welchen Worten kannst du den Mitarbeiter um Hilfe bitten?**

„Entschuldigung, …

____

____

___________________________________"

ISBN 978-3-8346-2273-0 | www.verlagruhr.de

Der Personalausweis

Wenn man 16 Jahre alt wird, benötigt man als deutscher Staatsbürger einen Personalausweis. Diesen beantragt man beim Einwohnermeldeamt/Bürgerbüro … der Gemeinde/Stadt.

Für die Beantragung muss man folgende Unterlagen mitbringen:

- Reisepass oder Kinderausweis oder Kinderreisepass oder Geburtsurkunde
- ein Passfoto
- bei Antragstellern unter 16 Jahren: die Einverständniserklärung beider Erziehungsberechtigter
- Geld

Das Passfoto muss „biometrisch" sein, das heißt, es muss folgende Anforderungen erfüllen:

- aktuelle Aufnahme
- das Gesicht muss von vorne zu sehen sein – keine seitliche Aufnahme
- das Gesicht muss in der Mitte des Fotos sein
- die Augen müssen offen und deutlich sichtbar sein
- der Mund muss geschlossen sein und der Gesichtsausdruck neutral – nicht lächeln

Es gibt zwei Funktionen, die man wählen kann, aber nicht muss:

- **die Online-Ausweisfunktion**
  Sie ermöglicht es, sich im Internet und an Automaten sicher und eindeutig mit dem Personalausweis auszuweisen.
- **die Unterschriftsfunktion**
  Hiermit können digital vorliegende Dokumente „unterschrieben" werden, ohne dass man sie ausdrucken muss.

(Infos nach: www.personalausweisportal.de)

1. **Wozu dient ein Personalausweis? Wo wird er überall gebraucht bzw. erfragt? Tauscht euch in der Klasse aus.**
2. **Öffne die Internetseite www.personalausweisportal.de, und beantworte die folgenden Fragen in deinem Heft:**
   a) Seit wann gibt es den Personalausweis mit den auswählbaren Funktionen?
   b) Wie groß ist der neue Personalausweis?
   c) Was kostet das Beantragen eines Personalausweises für einen 16-Jährigen? Was kosten die zusätzlichen Funktionen?

ISBN 978-3-8346-2273-0 | www.verlagruhr.de

Der Reisepass

Zur Reise in viele Länder außerhalb der EU brauchst du einen Reisepass.
In einem Reisepass sind genaue Angaben zur Person zu finden, z.B. der Name, das Geburtsdatum, der Geburtsort, der Wohnort, die Größe und die Augenfarbe.
Seit 2007 sind im Reisepass auf einem Chip das Passfoto und zwei Fingerabdrücke digital gespeichert. Damit soll der Reisepass möglichst sicher vor Fälschungen gemacht werden.
In dem Pass gibt es außerdem einige leere Blätter. Diese sind für Stempel, die man beim Einreisen in andere Länder bekommt. Man kann bei der Beantragung des Passes auswählen, ob man einen Reisepass mit 32 oder 48 Seiten haben möchte. Mehrere Seiten sind teurer.

Den Reisepass beantragt man beim Einwohnermeldeamt/Bürgerbüro ... der Gemeinde/Stadt.
Folgende Unterlagen sind dafür nötig:

- Kinderausweis oder Kinderreisepass oder Personalausweis
- bei Antragstellern unter 18 Jahren: die Einverständniserklärung aller Erziehungsberechtigten
- Passfoto
- Geld

Ein Reisepass wird in der Bundesdruckerei in Berlin hergestellt. Das dauert einige Wochen. Es ist also wichtig, den Pass früh genug vor einer Reise zu beantragen. Notfalls kannst du auch einen vorläufigen Reisepass bekommen.

Daniel wohnt in Dortmund. Er ist 18 Jahre alt. Er möchte sich einen Reisepass erstellen lassen. Dieser soll 32 Seiten haben.

- Wo findet Daniel das Einwohnermeldeamt/Bürgeramt ...?
- Wie viel Geld muss Daniel bei der Beantragung des Reisepasses dabeihaben?
- Welche Unterlagen benötigt er?

Informiere dich im Internet. Die Kosten für Reisepässe findest du hier:
www.neuer-reisepass.de
Schreibe in dein Heft einen kurzen Text darüber, wie Daniel vorgehen kann.

Bürgeramt Dortmund

ISBN 978-3-8346-2273-0 | www.verlagruhr.de

Der Wohngeldantrag

In manchen Städten/Gemeinden ist das Einwohnermeldeamt/Bürgerbüro ... auch für die Bearbeitung von Wohngeldanträgen zuständig. Mit einem Wohngeldantrag kannst du beantragen, dass der Staat dir etwas zu deiner Miete dazuzahlt. Das Wohngeld ist also eine finanzielle Unterstützung des Staates.
Mieter, die ein geringes Einkommen haben, können einen Antrag auf einen solchen Mietzuschuss stellen. Die Höhe des Zuschusses errechnet sich aus:

- der Anzahl der Familienmitglieder, die zum Haushalt rechnen
- der Höhe des Familieneinkommens
- der Höhe der Miete

Kein Wohngeld erhalten Mieter, die bereits Sozialhilfe oder Hartz IV bekommen.
Wer das Wohngeld bekommen möchte, muss einen schriftlichen Antrag ausfüllen. Dieser ist von Stadt zu Stadt unterschiedlich – es gibt also kein einheitliches Formular.

Man muss bei dem zuständigen Amt außerdem mindestens folgende Unterlagen abgeben:

- Beleg des Arbeitgebers über die Höhe des Lohnes (Verdienstbescheinigung)
- Beleg des Vermieters über die Höhe der Mietkosten
- Belege über Renten, Kindergeld oder sonstige Einnahmen, wenn vorhanden

Wenn du Wohngeld beantragen willst, erkundige dich vorher beim Amt, welche Unterlagen du noch mitbringen musst.
Die beiden oben genannten Belege kann man sich in der Regel als Vordruck aus dem Internet ausdrucken.
Man kann sie aber auch bei dem zuständigen Amt der eigenen Stadt/Gemeinde bekommen.

(Infos nach: www.wohngeld.de)

Öffne die folgende Seite:
www.wohngeldantrag.de/antrag/index.html
Gehe zu deinem Bundesland und ggf. zu deiner Gemeinde, und suche das Formular für den Antrag auf Mietzuschuss. Drucke es aus. Trage alle Angaben zu deiner Person ein.

ISBN 978-3-8346-2273-0 | www.verlagruhr.de

Die Bundesagentur für Arbeit (die Arbeitsagentur)

Die Agentur für Arbeit unterstützt sowohl Privatmenschen als auch Firmen bei der Arbeits- und Ausbildungssuche. Wenn also eine Firma eine freie Stelle hat, kann sie diese der Agentur für Arbeit melden. Und wenn jemand eine Stelle sucht, lässt er sich von der Agentur beraten.
Es gibt in fast jeder Stadt in Deutschland eine eigene Agentur für Arbeit bzw. eine Geschäftsstelle. Hier kann man persönlich mit einem Mitarbeiter sprechen und sich informieren.

Wichtige Infos rund um die Arbeitsagentur:
www.arbeitsagentur.de

Die Arbeitsagentur in meiner Nähe:

Straße und Hausnummer:

____

Postleitzahl und Stadt:

____

Telefonnummer:

____

1. **Finde die Adresse der Arbeitsagentur deiner Stadt/der nächstgrößeren Stadt heraus. Nutze dazu das Internet oder die Gelben Seiten.**

Die Öffnungszeiten:

Montag: ______________________

Dienstag: ______________________

Mittwoch: ______________________

Donnerstag: ______________________

Freitag: ______________________

2. **Notiere die Öffnungszeiten der Arbeitsagentur in deiner Nähe.**

ISBN 978-3-8346-2273-0 | www.verlagruhr.de

Der persönliche Berater

In der Arbeitsagentur arbeiten – je nach Größe – viele Mitarbeiter. Sie alle haben unterschiedliche Aufgaben. Für Schüler, die bald die Schule verlassen, sind die Berufsberater sehr wichtig. Teilweise haben einzelne Schulen einen Berufsberater, der alle Schüler dieser Schule berät. Andere Schulen haben viele Berater. Hier richtet sich die Zuständigkeit in der Regel nach dem Anfangsbuchstaben des Nachnamens des Schülers.

1. Wie heißt der Lehrer deiner Schule, der für die Berufsberatung zuständig ist?

Ich kann in Berufsfragen Herrn/Frau ______________________________ ansprechen.

2. Frage diesen Lehrer, ob ihr alle den gleichen Berater bei der Arbeitsagentur habt oder ob es unterschiedliche sind. ________________________

3. Sieh dir die Türschilder an. Wie heißt der Berater, der für dich zuständig wäre?

____

Frau Gerlach Zimmer 2.019 A – E	Herr Dahl Zimmer 2.117 F – M	Herr Dittert Zimmer 2.002 N – St	Frau Musmann Zimmer 2.110 Su – Z

Wenn man persönlich mit einem Mitarbeiter sprechen möchte, ist es wichtig, vorher einen Termin zu vereinbaren. Dies ist am besten telefonisch möglich. Vermutlich wirst du zunächst bei der Zentrale anrufen. Hier musst du erklären, was du möchtest. In der Regel wirst du dann an den Berater weitergeleitet. Nun musst du erneut sagen, was du möchtest. Lege einen Zettel und einen Stift dazu. Notiere dir genau das Datum, die Uhrzeit, und frage auch nach dem Raum.

4. Probe diesen Ablauf in einem gespielten Telefonat mit einem Partner.

ISBN 978-3-8346-2273-0 | www.verlagruhr.de

Das BiZ

Eine wichtige Einrichtung der Agentur für Arbeit ist das BiZ. BiZ ist eine Abkürzung für Berufsinformationszentrum. Hier kann man sich an Computern selber Informationen zu einzelnen Berufen und Arbeits- und Ausbildungsplätzen holen. Im BiZ sind Mitarbeiter beschäftigt, die alles erklären können, Fragen beantworten und gerne helfen. In das BiZ kann man so oft und lange kommen, wie man möchte.

Infos unter:
www.arbeitsagentur.de >
Institutionen > Bürgerinnen und Bürger >
Berufsinformationszentrum (BiZ)

1. **Auf der angegebenen Internetseite findest du als PDF eine Adressenliste aller Berufsinformationszentren in Deutschland. Finde heraus, wo ein BiZ in deiner Nähe ist, und notiere die Adresse.**

2. **Du möchtest dich an einem Computer über den Beruf des Bäckers informieren, weißt aber nicht, wie das geht. In diesem Fall kannst du einen Mitarbeiter des BiZ um Hilfe bitten. Wie könnte deine Bitte lauten?**

Das BiZ in meiner Nähe:

Straße und Hausnummer:

____

Postleitzahl und Stadt:

____

Telefonnummer:

____

„Entschuldigung, ich …

____

____

___________________________“

ISBN 978-3-8346-2273-0 | www.verlagruhr.de

BERUFENET

Ein nützlicher Service der Agentur für Arbeit ist die Datenbank „BERUFENET".
In dieser Datenbank findet man aktuelle Informationen über alle Ausbildungsberufe.
Man kann z.B. etwas über die Inhalte eines Berufes, die Ausbildung zu diesem Beruf oder die notwendigen Fähigkeiten für den Beruf erfahren.
Teilweise werden auch Filme über Berufe angeboten.
Auf diese Weise ist es möglich, sich ein genaueres Bild über einen Beruf zu machen.

Infos unter:
http://berufenet.arbeitsagentur.de/berufe/index.jsp

1. **Öffne die angegebene Seite im Internet, und informiere dich über den Beruf „Bäcker".**

   a) Nenne fünf Tätigkeiten des Bäckers:

   ____

   ____

   ____

   ____

   ____

   ____

   b) Nenne drei Lernfelder, also Bereiche des Unterrichts in der Berufsschule:

   ____

   ____

   ____

   c) Nenne drei Kernkompetenzen, also für den Bäckerberuf wesentliche Kompetenzen:

   ____

   ____

   ____

2. **Beantworte die gleichen Fragen im Heft für deinen Traumberuf.**

ISBN 978-3-8346-2273-0 | www.verlagruhr.de

Arbeitslosigkeit

Wenn man arbeitslos wird oder bereits weiß, dass man in Kürze seine Arbeitsstelle verliert, dann sollte man sich bei der Agentur für Arbeit melden.

01801/555111
lautet die bundesweite
Service-Rufnummer
der Agentur für Arbeit

Hier erhält man Antworten auf die folgenden Fragen:

- Wie muss ich mich arbeitslos melden?
- Welche Möglichkeiten bietet mir die Agentur für Arbeit bei der Vermittlung einer neuen Arbeitsstelle?
- Habe ich einen Anspruch auf Arbeitslosengeld?
- Wie lange erhalte ich Arbeitslosengeld?
- Wie hoch wird mein Arbeitslosengeld sein?
- Welche finanziellen Hilfen kann ich noch bekommen?

Die Agentur unterscheidet zwischen **Arbeitsuchendmeldung** und **Arbeitslosmeldung**.

- Die **Arbeitsuchendmeldung** ist notwendig, damit man Hilfe bei der Suche einer neuen Arbeit bekommt. Man ist verpflichtet, sich spätestens drei Monate vor dem Ende der Arbeit (z.B. wenn die Ausbildung endet) bei der Agentur zu melden.
- Die **Arbeitslosmeldung** ist notwendig, um Arbeitslosengeld zu erhalten. Dies kann man bereits drei Monate vor Ende der Arbeit tun. Man muss sich aber spätestens am ersten Tag der Arbeitslosigkeit bei der Agentur für Arbeit melden.

(Infos nach: www.arbeitsagentur.de)

Es ist Februar. Lena macht eine Ausbildung zur Kauffrau im Einzelhandel. Diese endet am 31. Juli. Für die Zeit danach hat sie noch keine neue Arbeitsstelle.

a) Lena möchte sich bei der Agentur für Arbeit arbeitsuchend melden.

Wann ist dafür der späteste Termin? ____________________

b) Damit Lena Arbeitslosengeld erhält, will sie sich bei der Agentur für Arbeit

arbeitslos melden. Wann ist dafür der späteste Termin? ____________________

ISBN 978-3-8346-2273-0 | www.verlagruhr.de

Arbeitslosengeld I

Es gibt Arbeitslosengeld I und Arbeitslosengeld II.
Informationen zum Arbeitslosengeld II findest du auf dem Arbeitsblatt „Arbeitslosengeld II/Sozialgeld“ (S.68).

Das Arbeitslosengeld I ist in der Regel ein höherer Betrag als das Arbeitslosengeld II. Die genaue Höhe hängt von dem vorherigen Verdienst, der Anzahl der Kinder und deiner Lohnsteuerklasse ab.

Um Arbeitslosengeld I zu bekommen, musst du die folgenden Voraussetzungen erfüllen:

- Du musst arbeitslos sein.
- Du musst in den letzten zwei Jahren vor der Arbeitslosmeldung mindestens zwölf Monate gearbeitet haben oder Krankengeld bezogen haben. (Damit hast du lange genug in die Arbeitslosenversicherung eingezahlt.)
- Du musst dich arbeitslos gemeldet haben.
- **Achtung:** Wenn du deine Arbeit ohne wichtigen Grund gekündigt hast oder mitschuldig an deiner Kündigung bist, bekommst du eine Sperrzeit (zwölf Wochen). Für diese Zeit erhältst du kein Geld.

Um das Arbeitslosengeld I zu bekommen, musst du einen Antrag ausfüllen. Dieser ist nicht im Internet zu bekommen, sondern kann nur persönlich bei der Agentur für Arbeit abgeholt werden.
Wenn man den ausgefüllten Antrag wieder abgibt, muss man folgende Unterlagen mitbringen:

- Personalausweis
- Arbeitspapiere und Lohnsteuerkarte
- gegebenenfalls Nachweise über einen früheren Leistungsbezug (Arbeitslosengeld, Arbeitslosenhilfe, Unterhaltsgeld), auch bei einer anderen Agentur für Arbeit
- Arbeitsbescheinigung (von früheren Arbeitgebern, die deine Tätigkeit dort beweisen)
- gegebenenfalls Kündigungsschreiben
- gegebenenfalls Erklärung zur Arbeitsaufgabe
- gegebenenfalls Bescheinigung über Bezug von Krankengeld

Wie lange man das Arbeitslosengeld I bekommt, hängt vom Alter und von der Zeit ab, die man vorher gearbeitet hat (zwischen sechs und 24 Monate).

(Infos nach: www.arbeitsagentur.de)

Warum erhält ein Mensch, der bereits eine bestimmte Zeit lang gearbeitet hat, ein höheres Arbeitslosengeld als ein Mensch, der vorher nicht gearbeitet hat? Findest du das gerecht? Diskutiert in der Klasse.

ISBN 978-3-8346-2273-0 | www.verlagruhr.de

Das Jobcenter

Es gibt in Deutschland fast in jeder Stadt/Gemeinde ein Jobcenter.
Dieses ist für alle Menschen zuständig, die **Arbeitslosengeld II** beziehen.
Das Arbeitslosengeld II (auch Hartz IV genannt) ist eine finanzielle Unterstützung.
Sie sichert den Lebensunterhalt für Menschen, die zwar arbeiten gehen können, aber keinen Job haben und kein Arbeitslosengeld I beziehen
(siehe auch Arbeitsblatt „Arbeitslosengeld I“, S. 66).
Ein Alleinstehender erhält 374 Euro (Stand: November 2012).
Hinzu kommen die Kosten für die Wohnung, wenn diese nicht zu groß/zu teuer ist, und ggf. Hilfen in Sonderfällen (z.B. ein Beitrag für die erste Einrichtung einer Wohnung).

Jobcenter sind in der Regel gemeinsame Einrichtungen der Agentur für Arbeit und der Kreise/Städte. Früher wurden die Jobcenter ARGE genannt.
Die Aufgaben der Jobcenter sind u.a.:

- Vermittlung von Leistungen (= Zahlungen)
- Vermittlung in Arbeit

Im Jobcenter arbeiten Arbeitsvermittler und Fallmanager.
Der Arbeitsvermittler betreut zunächst alle Arbeitssuchenden.
Er leitet ggf. auch den Einsatz eines Fallmanagers ein.
Ein Fallmanager ist eine Fachkraft für Personen, die auf dem Arbeitsmarkt benachteiligt oder in ihren persönlichen Möglichkeiten eingeschränkt sind.
Sie erhalten durch den Fallmanager eine intensivere und häufigere Unterstützung.

(Infos nach: www.arbeitsagentur.de und www.jobcenterdortmund.de)

1. **Finde die Adresse des nächsten Jobcenters heraus.**
2. **Beschreibe einem Partner den Weg von deinem Zuhause bis zu dem Jobcenter.**
3. **Lies dir auch das Arbeitsblatt „Arbeitslosengeld I“, S. 66, durch. Schreibe dann eine kurze Antwort in dein Heft: In welcher Situation müsstest du zum Jobcenter gehen?**

Das Jobcenter in meiner Nähe:

Straße und Hausnummer:

____

Postleitzahl und Stadt:

____

Telefonnummer:

____

ISBN 978-3-8346-2273-0 | www.verlagruhr.de

Arbeitslosengeld II/Sozialgeld

Die Jobcenter verwalten die so genannten „Leistungen zur Grundsicherung“. Dies sind Zahlungen und Sachleistungen, die Menschen erhalten können, die selber kein Geld verdienen.
Damit werden die grundlegenden Lebensbedürfnisse (Ernährung, Unterkunft, Strom, Kleidung, Körperpflege, Haushaltsgegenstände) gesichert.
Die Leistungen zur Grundsicherung heißen „Arbeitslosengeld II“ oder „Sozialgeld“.

Arbeitslosengeld II (ALG II) können alle Menschen im Alter von 15 Jahren bis ca. 67 Jahren beantragen, die arbeiten könnten, aber keinen Job haben.
Menschen, die nicht arbeitsfähig sind, können das **Sozialgeld** beantragen.

Um ALG II oder Sozialgeld zu bekommen, muss man einen Antrag ausfüllen und beim Jobcenter abgeben. Die Gelder werden erst ab dem Monat gezahlt, in dem der Antrag abgegeben wird.
Den Antrag kann man sich im Internet herunterladen und auch dort ausfüllen.
Die Internetseite bietet auch eine elektronische Ausfüllhilfe an.
Diese wird auf deutsch, türkisch, russisch und englisch angeboten.
Den Antrag kann man sich aber auch persönlich bei einem Jobcenter besorgen.
Mit dem Antrag muss man noch eine ganze Reihe an Unterlagen mitbringen.

Bei Fragen sollte man sich unbedingt an einen Mitarbeiter wenden.
Es ist wichtig, den Antrag vollständig und korrekt auszufüllen!

(Infos nach: www.arbeitsagentur.de)

1. **Öffne im Internet die Startseite der Agentur für Arbeit (www.arbeitsagentur.de). In der Kopfzeile findest du das Feld „Formulare“. Öffne es, und lade von dort den Antrag auf ALG II herunter. Drucke ihn aus. Trage handschriftlich deine persönlichen Daten ein.**
2. **Gehe in die Agentur für Arbeit, und besorge dir das Antragsformular für das ALG II. Frage auch, welche Unterlagen du als arbeitsloser Schulabgänger außer dem ausgefüllten Antrag mitbringen müsstest. Haltet eure Erfahrungen und Ergebnisse in der Klasse gemeinsam fest.**

ISBN 978-3-8346-2273-0 | www.verlagruhr.de

Das Kindergeld

Der Staat Deutschland unterstützt Menschen, die Kinder haben, durch einen Geldbetrag. Dieses Geld nennt man Kindergeld.
Das Kindergeld wird bei der Familienkasse der Agentur für Arbeit beantragt und bewilligt. Der Antrag ist auf der Internetseite der Agentur für Arbeit zu finden. Dort kann man ihn direkt ausfüllen und online zurücksenden. Man kann sich das Formular aber auch ausdrucken und handschriftlich ausfüllen oder bei der nächsten Familienkasse abholen.

Das Kindergeld wird bis zum 18. Geburtstag gezahlt.
Es kann bis zum 25. Geburtstag verlängert werden, wenn sich das Kind in einer Berufsausbildung befindet.
Bis zum 21. Geburtstag kann es verlängert werden, wenn das Kind keine Ausbildungsstelle oder Arbeit hat und als arbeitssuchend gemeldet ist.
Für Kinder, die wegen einer körperlichen, geistigen oder seelischen Behinderung nicht in der Lage sind, für ihren Lebensunterhalt zu sorgen, wird das Kindergeld ohne Altersbegrenzung gezahlt.
Die Höhe des Kindergeldes beträgt (Stand: November 2012):

- für das erste und zweite Kind, für das gezahlt wird, jeweils 184 €
- für das dritte Kind 190 €
- für jedes weitere Kind 215 €

(Infos nach: www.arbeitsagentur.de/nn_26532/zentraler-Content/A09-Kindergeld/A091-steuerrechtliche-Leistungen/Allgemein/Merkblatt-Kindergeld-2012.html)

Familie Hollmann hat vier Kinder.
Dennis ist 24 Jahre alt und studiert an der Universität in Hamburg. Er ist kurz vor seinem Abschluss. In zwei Monaten beginnt er eine Stelle als Architekt.
Jasmin ist 19 Jahre alt und macht eine Ausbildung. Auch sie ist fast fertig und hat bereits einen Arbeitsvertrag in ihrer Ausbildungsfirma.
Die Zwillinge Jens und Mirko sind 14 Jahre alt und gehen in die achte Klasse.

1. Wie viel Kindergeld erhält die Familie derzeit? ____________

2. Wie viel Kindergeld bekommt die Familie in einem Jahr? ____________

ISBN 978-3-8346-2273-0 | www.verlagruhr.de

Die Kfz-Zulassungsstelle

Ein Auto, Motorrad oder anderes Kraftfahrzeug (Kfz) muss angemeldet werden und ein Nummernschild tragen. Erst dann liegt eine Betriebserlaubnis vor.
Zuständig für die Anmeldung ist die Kfz-Zulassungsstelle (auch „das Verkehrsamt“).
Einige Städte/Gemeinden haben die Kfz-Zulassungsstelle mit in die Bürgerdienste aufgenommen. Es gibt dort also kein eigenes Amt mehr für die Zulassung eines Fahrzeuges.
Wer ein gebrauchtes Fahrzeug für den Verkehr zulassen möchte, benötigt folgende Unterlagen:

- **den Fahrzeugbrief (Zulassungsbescheinigung Teil II)**
  Den Fahrzeugbrief übernimmt man beim Kauf eines gebrauchten Fahrzeuges. Er ist sehr wichtig und sollte gut und diebstahlsicher aufbewahrt werden – keinesfalls im Auto!
- **Versicherungs-Doppelkarte**
  Um ein Fahrzeug anzumelden, muss man zunächst eine Versicherung auswählen und das Fahrzeug versichern. Erst wenn die passende Bescheinigung über eine abgeschlossene Versicherung vorliegt, kann das Auto zugelasen werden.
  Ein Fahrzeug ohne Versicherung darf nicht am öffentlichen Straßenverkehr teilnehmen!
- **Fahrzeugschein (Zulassungsbescheinigung Teil I)**
  Der Fahrzeugschein wird beim An- und Ummelden von der Kfz-Zulassungsstelle neu ausgestellt. Er enthält alle wichtigen Daten des Fahrzeuges.
- **Nachweis der gültigen Haupt- und Abgasuntersuchung** (TÜV und AU) – wenn das Fahrzeug älter als drei Jahre sein sollte
- **Personalausweis oder Reisepass** des zukünftigen Fahrzeughalters
- bei Minderjährigen:
  Schriftliche **Einverständniserklärung** beider Eltern oder des Vormundes, Ausweis des Minderjährigen und der Eltern bzw. des Vormundes
- bei abgemeldetem Fahrzeug:
  Abmelde- bzw. Stilllegungsbescheinigung

(Infos nach: www.strassenverkehrsamt.de)

1. Finde heraus, wo die nächste Kfz-Zulassungsstelle für dich ist.

____

____

2. Die Nummernschilder musst du dir in einem Geschäft machen lassen. Gucke vor Ort, ob es in der Nähe der Zulassungsstelle ein Geschäft dafür gibt. Frage nach dem Preis für zwei Auto-Nummernschilder.

____

3. Wie könnte dein Wunsch-Kennzeichen (Nummernschild) lauten? (Achtung, das kostet meistens extra!)

____

ISBN 978-3-8346-2273-0 | www.verlagruhr.de

Das Standesamt

Das Standesamt hat drei wesentliche Aufgabenbereiche:

- **Geburten**
  Nach der Meldung der Eltern, der Hebamme, eines Arztes oder des Krankenhauses stellt das Standesamt eine Geburtsurkunde aus. Die Geburtsurkunde enthält wichtige Angaben zu dem Baby.
- **Eheschließungen oder Lebenspartnerschaften (bei gleichgeschlechtlichen Paaren)**
  Die Absicht zur Schließung einer Ehe oder Lebenspartnerschaft muss zunächst beim Standesamt angemeldet werden. Dem Paar wird dann (spätestens sechs Monate nach der Anmeldung) das Ehe(Partnerschafts)versprechen abgenommen. Dies geschieht meist in einem feierlichen Rahmen mit einer Rede des Standesbeamten.
- **Todesfälle**
  Der Standesbeamte stellt eine Sterbeurkunde aus. Dafür benötigt er einen Totenschein von einem Arzt.

Diese drei Vorgänge dürfen nur *amtlich* vorgenommen werden, weil sie die Gesellschaft in hohem Maß betreffen. Missbräuche müssen unbedingt vermieden werden.

1. Finde im Internet heraus, welche Angaben über das Kind eine Geburtsurkunde enthält.

Geburtsurkunde

____

____

____

____

____

2. Diskutiere mit einem Partner:

- Was könnten Missbräuche bei der Ausstellung von Geburtsurkunden, Sterbeurkunden oder bei Eheschließungen sein?
- Welche Folgen könnten die Missbräuche haben?

ISBN 978-3-8346-2273-0 | www.verlagruhr.de

Rund um Ämter und Formulare

Hier sind noch einige wichtige Tipps!

Ämter

- Komme zu vereinbarten Terminen pünktlich und angemessen gekleidet.
- Sieze die Mitarbeiter, und sei freundlich.
- Habe Geduld! Plane für einen Besuch beim Amt immer viel Zeit ein.
- Erkundige dich vor einem Amtsbesuch telefonisch, welche Unterlagen du benötigst. Bringe alle erforderlichen Unterlagen mit. Du musst sonst wahrscheinlich noch einmal kommen und erneut warten.
- Halte die Fristen ein! Wenn du Anträge oder andere Unterlagen zu spät abgibst, verschenkst du vielleicht Geld.
- Informiere dich über deine Rechte. Nicht jede Entscheidung, die ein Amt trifft, muss stimmen. Wenn du im Recht bist, kannst du Widerspruch einlegen.

Formulare

- Schreibe leserlich – am besten in Druckbuchstaben. Es ist ärgerlich, wenn Daten nicht oder falsch abgelesen werden.
- Fülle Formulare nicht mit einem Bleistift aus. Benutze einen Kugelschreiber oder einen Fineliner.
- Kontrolliere nach dem Ausfüllen noch einmal die persönlichen Angaben. Achte auf eine richtige Adresse und Telefonnummer. Nur so bist du erreichbar oder kannst Rückfragen beantworten.
- Behandle Formulare sorgfältig. Knicke sie nicht, und achte darauf, dass sie sauber bleiben. Ein unordentliches Formular hinterlässt einen schlechten Eindruck.
- Formulare haben häufig viel Text und sind kompliziert geschrieben. Suche dir jemanden, der dir beim Ausfüllen helfen kann.
- Du kannst dich auch an einen Mitarbeiter des Amtes wenden. Wenn du freundlich um Hilfe bittest, bekommst du sie bestimmt.
- Mache in Formularen nur Angaben, die wahr sind. Solltest du lügen, so musst du ggf. eine Leistung zurückzahlen. Vielleicht bekommst du auch eine Strafe.

ISBN 978-3-8346-2273-0 | www.verlagruhr.de

Checkliste für den Lebensordner

Ein Staat ist in diese drei „Abteilungen“ unterteilt:	
Bei diesem Amt muss ich mich an-, um- und abmelden:	
Wenn ich dieses Alter habe, muss ich einen Personalausweis beantragen:	
Für diesen Zweck benötige ich einen Reisepass:	
Einen Berufsberater finde ich in diesem Amt:	
Diese beiden Einrichtungen der Agentur für Arbeit informieren mich über Ausbildungsberufe:	
Hierhin muss ich gehen, wenn ich ALG II beantrage/beziehe:	
Wenn ich ein Kind bekomme, kann ich hier ein Formular für den Kindergeldantrag bekommen:	
Die Zulassungspapiere für ein Auto kann ich hier bekommen:	
Die Geburt eines Kindes muss ich bei diesem Amt bekannt geben:	

ISBN 978-3-8346-2273-0 | www.verlagruhr.de

Was bedeutet was?

Beglaubigung	Die Kopie eines Dokumentes muss man für manche Zwecke beglaubigen lassen. Sie bekommt dann einen Stempel und eine Unterschrift. Damit kann man belegen, dass die Kopie echt ist.
Betriebserlaubnis	Um z.B. ein Auto für den Straßenverkehr zuzulassen, benötigt man eine Betriebserlaubnis. Ohne diese darf ein Fahrzeug nicht am öffentlichen Verkehr teilnehmen.
Bußgeld	Ein Bußgeld ist eine Strafe für weniger schwere Verstöße.
Chip	Ein Chip ist eine kleine Speicherkarte, auf der Daten gespeichert werden. Diese können mit einem Lesegerät abgerufen werden.
demokratisch	In einem demokratischen Staat werden die Regierung und damit indirekt auch das Staatsoberhaupt durch das Volk gewählt. Das Volk entscheidet also.
Einverständnis-erklärung	Manche Dinge darf man erst ab 18 Jahren. Wenn man sie vorher schon tun möchte, benötigt man ein Einverständnis der Eltern (Erziehungsberechtigten). Wenn diese ihr Einverständnis schriftlich geben, nennt man das Schriftstück Einverständniserklärung.
finanzielle Unterstützung	Eine finanzielle Unterstützung ist eine Hilfe durch Geld.
Formular	Ein Formular ist ein Vordruck, den man ausfüllen muss, um z.B. etwas zu beantragen.
Lohnsteuerklasse	Ein Arbeitnehmer muss Lohnsteuern zahlen. Die Höhe richtet sich u.a. danach, ob er alleinstehend oder verheiratet ist und wie viel Geld er verdient. Je nach Lebenssituation wird er einer Gruppe (Klasse) zugeordnet. Diese Gruppe heißt Lohnsteuerklasse.
Ordnungswidrigkeit	Eine Ordnungswidrigkeit ist ein weniger schwerer Verstoß. Hier wird ein Bußgeld fällig.
Rechtsprechung	Die Rechtsprechung sind das Urteilen über Recht und Unrecht und die Entscheidung über die Konsequenzen. In Deutschland sind dafür die Gerichte zuständig.
Sachleistung	Eine Sachleistung ist eine Leistung, die kein Geld ist, sondern eine Sache (z.B. ein Kühlschrank).

ISBN 978-3-8346-2273-0 | www.verlagruhr.de

Sozial-versicherungen

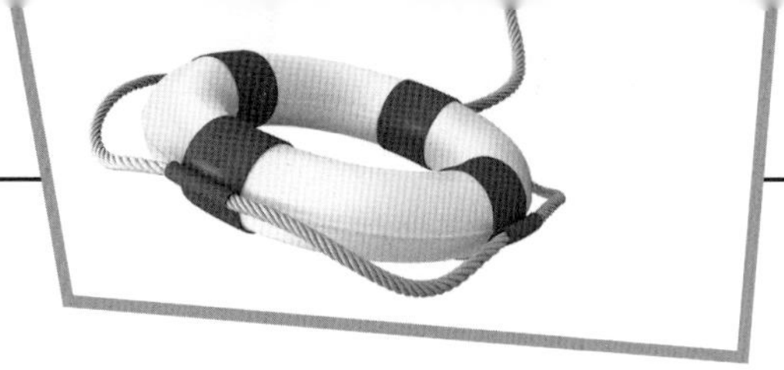

Was ist eine „Versicherung“?

Der Begriff „Versicherung“ bedeutet, dass viele Menschen gemeinsam den Schaden einzelner Menschen tragen.
Ein Beispiel aus der Geschichte verdeutlicht die Idee der Versicherung:
Im Mittelalter kam es häufig zu Brandkatastrophen. Große Brände konnten nur schwer gelöscht werden, da es noch keine Feuerwehrwagen, Drehleitern usw. gab. Ein Feuer wurde bekämpft, indem sich Menschen als Kette aufstellten und Wassereimer vom Brunnen zur Feuerstelle weiterreichten. Großbrände bekam man so kaum unter Kontrolle. Für die Bewohner der Häuser war das ein großes Unglück. Ihnen blieb meist nichts.

Um den Schaden eines Brandes für die Betroffenen gering zu halten, trafen im Jahr 1591 in Hamburg 101 Bürger eine Vereinbarung. Sie verpflichteten sich zur gegenseitigen Hilfe, wenn einer nach einem Brand in Not war. Dadurch wurde das Unglück für den Betroffenen kleiner. Die Belastung der Helfer blieb aber gering, da sich viele Menschen die Hilfe teilten. Aus dieser Vereinbarung entstand viele Jahre später die erste Feuerversicherung der Welt: die Hamburger Feuerkasse.
Heute funktioniert eine Versicherung noch nach der gleichen Idee:
Viele Menschen zahlen in eine gemeinsame Kasse. Passiert einem der Beteiligten etwas, so kann der Schaden aus dieser Kasse bezahlt werden.

(Infos nach: www.wasistwas.de/geschichte/alle-artikel/artikel/link//b08e667804/article/die-aelteste-feuerversicherung-der-welt.html)

1. **Gib die Entstehung der ersten Feuerversicherung mit eigenen Worten in deinem Heft wieder.**
2. **Beantworte die folgenden Fragen:**
   a) Was ist mein Vorteil, wenn ich in eine Versicherung einzahle?

   ____

   ____

   b) Was könnte ein Nachteil für mich sein, wenn ich in eine Versicherung einzahle?

   ____

   ____

3. **Überlege mit einem Partner:**
   In welchem Fall würde das Prinzip der Versicherung nicht funktionieren?

ISBN 978-3-8346-2273-0 | www.verlagruhr.de

Deutschland – ein sozialer Staat

Im deutschen Grundgesetz steht:
„Die Bundesrepublik Deutschland ist ein sozialer Bundesstaat."

Ein sozialer Staat ist u.a. ein Staat, der darum bemüht ist, die Risiken für das Leben der einzelnen Menschen klein zu halten. Ein Sozialstaat bemüht sich außerdem darum, die schlechten Folgen, die sich aus den Lebensrisiken ergeben, möglichst klein zu halten.

Hier siehst du verschiedene Bilder zu möglichen „Lebensrisiken":

a)

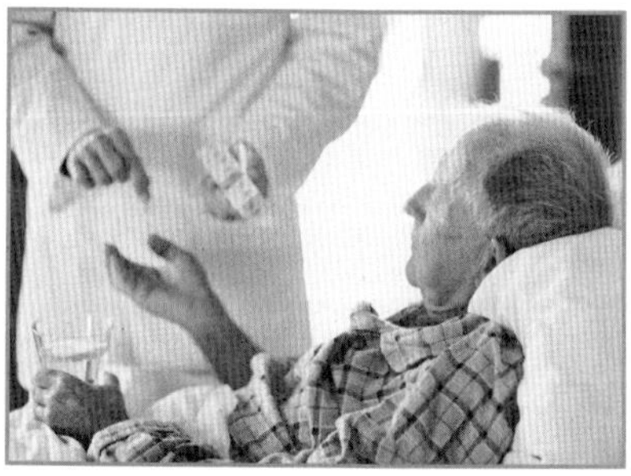

b)

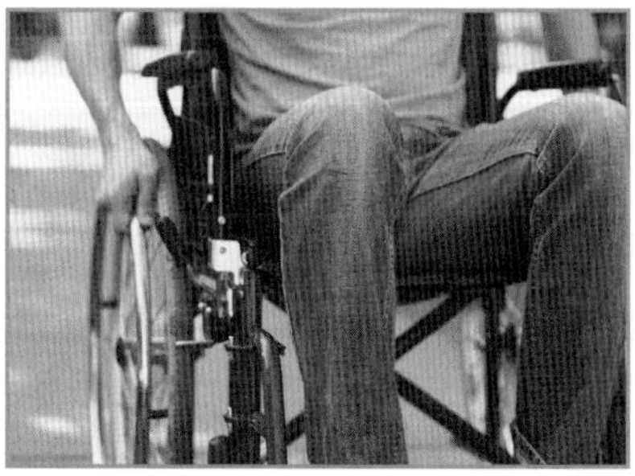

c)

d)

e)

Überlege gemeinsam mit einem Partner, und beantworte im Heft folgende Fragen:

a) Welche Lebensrisiken sind jeweils mit den einzelnen Fotos gemeint?
b) Welche ungünstigen Folgen können sich aus diesen Lebensrisiken ergeben?
c) Was könnte ein Staat tun, um ungünstige Folgen möglichst klein zu halten?

ISBN 978-3-8346-2273-0 | www.verlagruhr.de

Die Sozialversicherungen

Es gibt in Deutschland fünf Versicherungen, die im Gesetz vorgeschrieben sind:

- die Krankenversicherung
- die Pflegeversicherung
- die Rentenversicherung
- die Arbeitslosenversicherung
- die Unfallversicherung

Diese so genannten Sozialversicherungen sollen alle Arbeitnehmer vor den Folgen von Krankheit, Pflegebedürftigkeit, Alter, Arbeitslosigkeit und Unfällen schützen.
Alle Arbeitnehmer müssen monatlich einen Teil ihres Lohnes in diese Versicherungen einzahlen. Man spricht daher auch von den **Pflichtversicherungen**.
Die Höhe des Beitrages richtet sich nach der Höhe des Einkommens.
Einen etwa genauso hohen Anteil zahlen auch noch einmal die Arbeitgeber für die Arbeitnehmer ein.
Eine **Ausnahme** bildet die Unfallversicherung. Diese Beiträge zahlt nur der Arbeitgeber für den Arbeitnehmer.
Hinter der Sozialversicherung steht der Gedanke, dass die Gemeinschaft der versicherten Arbeitnehmer dem Einzelnen hilft, wenn er in Not gerät.

(Infos nach: www.hanisauland.de/lexikon/s/sozialversicherung.html)

Fertige zu den Einzahlungen und Auszahlungen der Sozialversicherungen ein Schaubild an. Verdeutliche darin, wer Geld einzahlt und wer Geld bekommen kann.

Sozialversicherungsamt

ISBN 978-3-8346-2273-0 | www.verlagruhr.de

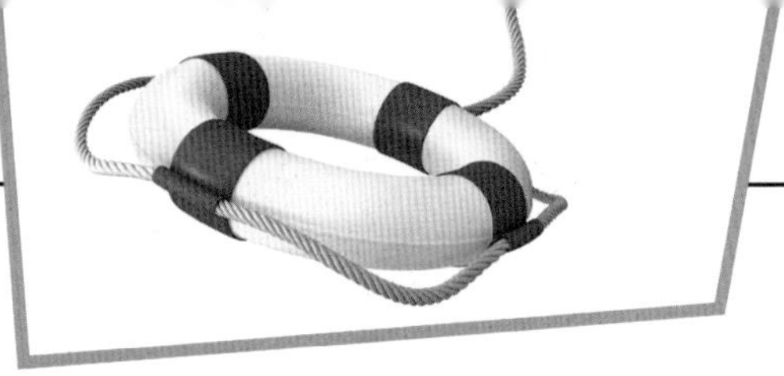

Rückblick: Die Entstehung der Sozialversicherungen

Die Entstehung der Sozialversicherung ist schon mehr als 100 Jahre her.
Damals sah es in Deutschland anders aus als heute.
Blicken wir zurück in das Jahr 1878:

*„Hallo, mein Name ist Marie. Ich bin zwölf Jahre alt.
Ich lebe mit meinen Eltern und meiner kleinen Schwester in einer Holzhütte mit einem Raum. Im Winter ist es hier oft sehr kalt. Im letzten Jahr ist mein kleiner Bruder hier gestorben. Er hatte eine schlimme Krankheit.
Oft haben wir Hunger. Manchmal essen wir tagelang nur Kartoffeln.
Wir holen Wasser aus einem Brunnen vom Hof.
Meine Mutter, meine Schwester und ich arbeiten in einer Spinnerei.
Das ist sehr anstrengend, vor allem für meine Schwester. Sie hustet nachts oft und schläft schlecht.
Mein Vater arbeitet von morgens bis abends in einer großen Fabrik.
Er geht gebückt, da er immer Rückenschmerzen hat. Schon seit Wochen plant er mit anderen Männern, die Arbeit niederzulegen und zu streiken.
Sie wollen sich gegen den Kaiser stellen. Das ist verboten und sehr gefährlich für die Männer. Aber wenn sich viele beteiligen, dann …“*

**1. Vergleiche das Leben von Marie mit deinem Alltag.
Was ist anders? Berichte deiner Klasse.**

Zu dieser Zeit war Otto von Bismarck der deutsche Kanzler und somit ein wichtiger Politiker. Er erkannte die Gefahr, die sich aus der Unzufriedenheit der Arbeiter für den damaligen Kaiser ergab. Um die Arbeiter zu beruhigen, hatte er 1881 eine wichtige Idee. Er versprach, die Situation der Arbeiterfamilien zu verbessern. In den darauffolgenden Jahren entstanden die Krankenversicherung (1883), die Unfallversicherung (1884) und die Rentenversicherung (1889).

(Infos nach: www.sozialpolitik.com/webcom/show_article.php/_c-110/_nr-4/i.html)

Eine Briefmarke erinnert an dieses geschichtliche Ereignis:

© Deutsche Bundespost, Quelle: Wikipedia

2. Was bedeutet das Bild auf der Briefmarke? Überlege mit einem Partner.

ISBN 978-3-8346-2273-0 | www.verlagruhr.de

Brutto- und Nettolohn

Das Wort „Brutto“ kommt aus dem Italienischen. Es bedeutet „vor dem Abzug“.
Was hat das mit dem Lohn zu tun?
Ein Arbeitnehmer erhält für seine Arbeit monatlich eine Bezahlung – das ist sein Lohn.
Die Höhe des Lohnes ist im Arbeitsvertrag festgelegt.
Dieses Geld muss sein Arbeitgeber abgeben.
Den Lohn bekommt der Arbeitnehmer aber nicht vollständig auf sein Konto gezahlt.
Vor der Auszahlung werden folgende Beträge von dem Lohn abgezogen
und an verschiedene Kassen gezahlt:

- Lohnsteuer
- Sozialversicherungsbeiträge (Krankenversicherung, Pflegeversicherung, Rentenversicherung, Arbeitslosenversicherung)
- Kirchensteuer (falls der Arbeitnehmer einer Kirche angehört)
- Solidaritätszuschlag (Gelder für die Kosten der Wiedervereinigung von Ost- und Westdeutschland)

Den Nettolohn hat der Arbeitnehmer für seine weiteren monatlichen Ausgaben
zur Verfügung.

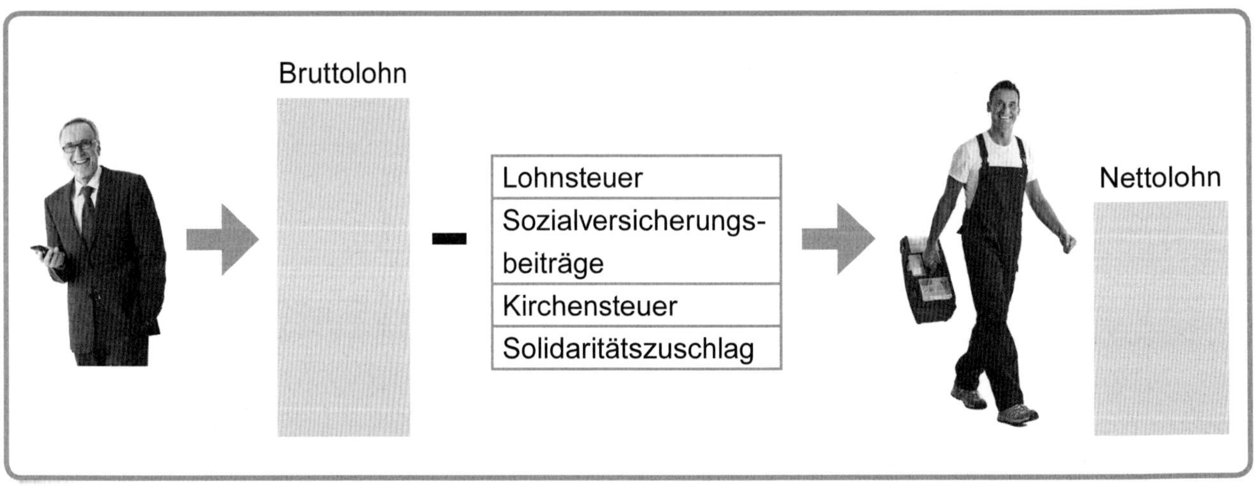

1. **Erkläre die Grafik einem Partner mit deinen eigenen Worten.**
2. **Welche Ausgaben muss ein Arbeitnehmer von seinem Nettolohn noch zahlen? Überlege gemeinsam mit einem Partner.**

ISBN 978-3-8346-2273-0 | www.verlagruhr.de

Die Lohnabrechnung

Jeder Arbeitnehmer erhält einmal im Monat eine Lohnabrechnung.
Auf dieser kann er genau ablesen, wie hoch sein Bruttolohn ist, welche Abzüge er hat und welchen Betrag er ausbezahlt bekommt (also den Nettolohn).
Die Lohnabrechnungen sollten aufbewahrt und sorgfältig abgeheftet werden.

Herr
Max Mustermann
Musterweg 45
45454 Musterhausen

Verdienstabrechnung

LA	Text		Betrag EUR	Jahreswerte
	Krankenkasse: [redacted]			
	Steuerklasse I / kein Kinderfreibetrag			
	Ev.-Lutherisch			
	Vertragsbeginn 01.09.2012			
	Geburtsdatum: [redacted]			
	SV-Nr.: [redacted]			
101	AT Gehalt		1600,00	1600,00
SVT	Sozialversicherungstage 30,00 Tage			
STT	Steuertage 30,00 Tage			
BRG	Gesamtbrutto		1600,00	1600,00
BSL	Steuerbrutto, laufende Bezüge	1600,00		1600,00
LST	Lohnsteuer aus monatlichen Bezügen		-124,91	-124,91
SOZ	Solidaritätszuschlag		-6,87	-6,87
KIS	Kirchensteuer		-11,24	-11,24
BRK	Krankenversicherungsbrutto	1600,00		1600,00
KAN	Krankenversicherung 15,50 % [allgemeiner Beitrag]		-131,20	-131,20
PAN	Pflegeversicherung 1,23 % [voller Beitrag]		-19,60	-19,60
BRR	Rentenversicherungsbrutto	1600,00		1600,00
RAN	Rentenversicherung [voller Beitrag]		-156,80	-156,80
AAN	Arbeitslosenversicherung [voller Beitrag]		-24,00	-24,00
GSN	Gesetzliches Netto		1125,38	1125,38
AZB	Auszahlungsbetrag		1125,38	1125,38
	Auf Konto: [redacted] *Sparkasse* [redacted] *Bankleitzahl* [redacted]			

Sieh dir die Abrechnung genau an, und beantworte folgende Fragen in deinem Heft.

1. **Wie hoch ist der Bruttolohn des Arbeitnehmers?**
2. **Was bedeuten wohl die Abkürzungen KV, PV, RV und AV, die manchmal in einer solchen Abrechnung auftauchen?**
3. **Welchen Betrag bekommt der Arbeitnehmer ausbezahlt?**
4. **Wie hoch ist der Unterschied zwischen dem Bruttolohn und dem Nettolohn?**

ISBN 978-3-8346-2273-0 | www.verlagruhr.de

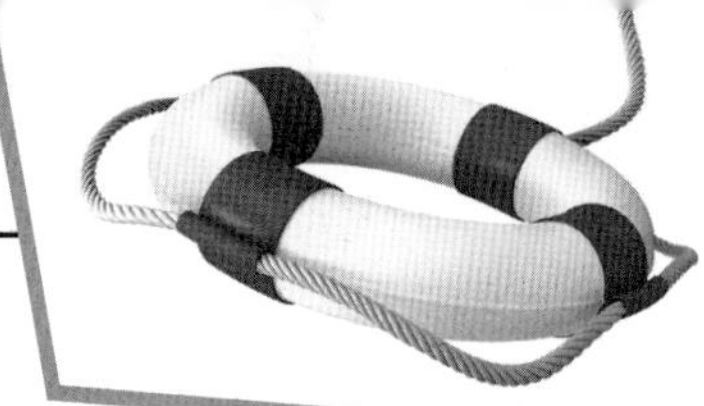

Ein Notfall!

Kerstin lebt mit ihrer Mutter und ihrem Opa in einem Haushalt. Ihre Mutter arbeitet meistens in der Nachtschicht in einer Fabrik.
Eines Abends hörte Kerstin ein Poltern. Sie dachte, ihrem Großvater sei etwas heruntergefallen, und ging nachsehen. In seinem Zimmer fand sie den alten Mann am Boden liegend. Er atmete schwer und reagierte nicht auf Kerstin. Schnell rief sie die Notrufnummer an. Wenige Minuten später traf zunächst ein Notarzt ein. Kurz danach kam der Rettungswagen. Kerstins Opa wurde in ein Krankenhaus gebracht. Die Ärzte stellten einen Schlaganfall fest. Der Großvater blieb zwei Tage auf der Intensivstation des Krankenhauses. Danach wurde er in ein normales Krankenzimmer verlegt. Damit er sich wieder ganz erholen konnte, brachte ihn ein Krankentransporter im Anschluss an den Krankenhausaufenthalt in eine Kurklinik. Hier blieb er weitere vier Wochen.
Heute kann Kerstins Opa seinen Alltag fast wieder normal verbringen. Er nimmt jetzt allerdings täglich ein Medikament und geht regelmäßig zur Kontrolle zum Arzt. Außerdem besucht er einmal in der Woche einen Fitnesskurs, den seine Krankenkasse anbietet.

Stelle in einem Schaubild die Leistungen/Hilfen dar, die zur Gesundheit des Großvaters beigetragen haben bzw. noch beitragen.

Erste Versorgung
durch den Notarzt

ISBN 978-3-8346-2273-0 | www.verlagruhr.de

Die Krankenversicherung

Die Behandlung einer Krankheit ist meist mit hohen Kosten verbunden.
Damit die Kranken diese Kosten nicht selber zahlen müssen,
sichern die Krankenkassen ihre Mitglieder und deren Familien ab.
Die Krankenkassen bezahlen aus den Beiträgen ihrer Mitglieder
in der Regel für folgende Leistungen:

- Erhaltung der Gesundheit/Vermeidung von Krankheit (z.B. Impfungen, z.T. Sportkurse)
- Früherkennung von Krankheiten (z.B. regelmäßige Frauenarztbesuche zur Kontrolle)
- Krankenbehandlung (z.B. Arztbesuche, Krankenhausaufenthalte)
- Krankengeld (z.B. Zahlung des Lohnes während einer Krankheit)
- Leistungen bei Schwangerschaft und Mutterschutz (z.B. Zahlung des Lohnes während des Mutterschutzes)
- Leistungen im Ausland (z.B. ein Arztbesuch im Urlaub)

(Infos nach: www.deutsche-sozialversicherung.de/de/krankenversicherung/leistungen.html)

**Ordne die folgenden Stichworte den oben genannten Leistungen zu.
Markiere dafür die Leistungen und zugehörigen Stichworte
mit der gleichen Farbe.**

Krankengymnastik

Arztbesuch im Spanienurlaub

Ultraschalluntersuchung im dritten Schwangerschaftsmonat

Vorsorge bei der Hebamme

Kontrolle beim Zahnarzt

Vorsorgeuntersuchung beim Frauenarzt

Krankenhausaufenthalt

Einsatz des Rettungswagens

Rückengymnastik

Erneuerung des Gipsverbandes

Hausbesuch des Arztes

Lohnfortzahlung nach einer Geburt

Lohnfortzahlung während einer Krankheit

Grippeimpfung

telefonische Beratung eines Arztes

ISBN 978-3-8346-2273-0 | www.verlagruhr.de

Die Versicherungspflicht

In Deutschland müssen etwa 90 Prozent aller Menschen einer gesetzlichen Krankenkasse beitreten. Dies sind die folgenden Personengruppen:

- Arbeitnehmer und Auszubildende
- Empfänger von Arbeitslosengeld oder Arbeitslosenhilfe
- landwirtschaftliche Unternehmer und deren Familienangehörige
- Künstler
- Jugendliche in Einrichtungen der Jugendhilfe
- „Teilnehmer an Leistungen zur Teilhabe am Arbeitsleben“ (z.B. Berufsvorbereitung oder Qualifizierungsmaßnahmen)
- behinderte Menschen in anerkannten Werkstätten und in Anstalten, Heimen oder ähnlichen Einrichtungen
- Studenten
- Praktikanten
- Auszubildende des Zweiten Bildungswegs (d.h., vorher wurde schon eine Ausbildung abgeschlossen)
- Rentner,
- Personen, die über keinen anderen Krankenversicherungsschutz verfügen

Ehe- oder Lebenspartner und die Kinder von Mitgliedern zahlen keinen Beitrag. Sie sind mitversichert. Dies gilt aber nur dann, wenn sie keiner der oben genannten Gruppen angehören. In diesem Fall müssten sie sich selber versichern.
Die übrigen zehn Prozent sind Menschen, die ein sehr hohes Einkommen haben, oder Selbstständige. Sie können sich über eine private Krankenversicherung versichern.

(Infos nach: www.deutsche-sozialversicherung.de/de/krankenversicherung/versicherte.html)

Müssen die folgenden Personen einer gesetzlichen Krankenkasse beitreten? Diskutiere mit einem Partner.

Jessica L., 27 Jahre, Studentin in Hamburg

Albert L., 52 Jahre, gelernter Straßenbauer, Arbeitslosengeld II-Empfänger

Hubert M., 67 Jahre, verheiratet, früher Schreiner, jetzt im Ruhestand

Berthold M., 46 Jahre, Millionär

Percy Pain, 33 Jahre, Komponist und Sänger

David K., 23 Jahre, arbeitssuchend, lebt in einem Jugendheim

Gisela H., 34 Jahre, Besitzerin eines Bekleidungsgeschäftes

Marianne G., 45 Jahre, verheiratet, drei Kinder, Hausfrau

Nadine N., 19 Jahre, Teilnehmerin in einer berufsvorbereitenden Bildungsmaßnahme

Dennis M., 18 Jahre, Auszubildender in einer Tischlerei

ISBN 978-3-8346-2273-0 | www.verlagruhr.de

Die Wahl der Krankenkasse

In Deutschland muss man in der Regel eine gesetzliche Krankenversicherung haben. Manche haben auch eine private Krankenversicherung, aber dafür muss man ein sehr hohes Einkommen haben und/oder Beamter sein.
Die einzelnen Krankenkassen haben jeweils Geschäftsstellen in verschiedenen Städten. Hier kann man persönlich mit Mitarbeitern sprechen. Es gibt aber nicht in jeder Stadt eine Geschäftsstelle für jede Krankenkasse. Die gesetzliche Krankenkasse kann man frei wählen. Welche Kasse die richtige ist, hängt von den Wünschen ab, die jeder Einzelne hat. Große Unterschiede in den Leistungen der Krankenkassen gibt es allerdings nicht.

Die meisten Leistungen sind durch Gesetze geregelt. Das heißt, dass Zahlungen für Arznei-, Verband- und Heilmittel, Hilfsmittel, Fahrkosten, Krankenhäuser und Zahnersatz über ein Gesetz festgelegt sind. Sie sind also bei allen gesetzlichen Krankenkassen gleich. Es gibt aber trotzdem noch einige Unterschiede, die für die Auswahl der eigenen Krankenkasse entscheidend sein können. So unterscheiden sich die Angebote z.B. in den folgenden Bereichen:

- Zusatzleistungen (z.B. Brillengestelle)
- Kostenübernahme von besonderen Heilmethoden (z.B. Akupunktur, Yoga)

(Infos z.T. nach: www.abc-der-krankenkassen.de/Kassenwahl.htm)

1. **Finde heraus, welche Krankenkassen Geschäftsstellen in deiner Stadt/der nächstgelegenen Stadt haben. Nutze dafür die Gelben Seiten oder das Internet. Mache Notizen in deinem Heft.**
2. **Besorge dir einen Stadtplan (z.B. in den Gelben Seiten), und kennzeichne die Orte der Geschäftsstellen.**
3. **Gehe in zwei Geschäftsstellen, und besorge dir Informationsmaterial. Lege in deinem Heft eine Tabelle an, in der du die Hauptleistungen und die Besonderheiten der einzelnen Kassen zusammenfasst.**

Krankenkasse	*Hauptleistungen*	*Besonderheiten*

(Viele Infos findest du unter: www.krankenkassen.de)

ISBN 978-3-8346-2273-0 | www.verlagruhr.de

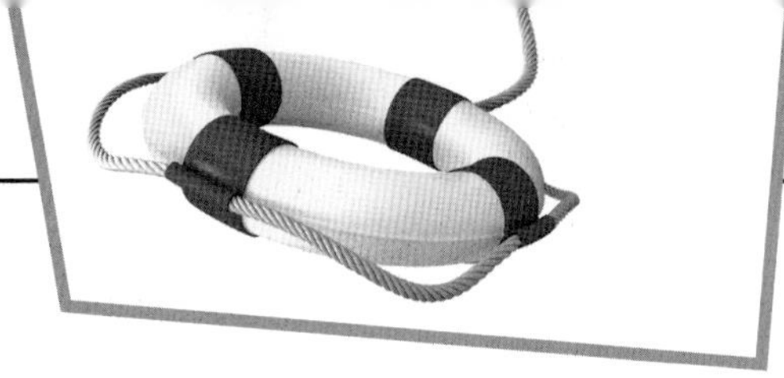

Die Beiträge

Die einzelnen Krankenkassen benötigen viel Geld. Dieses Geld kommt von den versicherten Arbeitnehmern und deren Arbeitgebern. Ein Arbeitnehmer bezahlt einen Teil seines Lohnes an die Krankenversicherung. Der Arbeitgeber zahlt für diesen Arbeitnehmer ebenfalls einen ähnlich hohen Betrag an die Krankenversicherung. Die Höhe dieser beiden Beträge richtet sich nach der Höhe des Bruttolohnes (= Lohn vor Abzügen, wie Versicherungen und Lohnsteuer).
Die genauen Prozente der Beiträge werden regelmäßig neu festgesetzt.
Bei Auszubildenden mit einem niedrigen monatlichen Einkommen zahlt nur der Arbeitgeber Beiträge an die Krankenversicherung.

Beispiel (Stand November 2012):

Herr Kurt verdient monatlich 1740 €.

Beitrag des Arbeitnehmers:
Herr Kurt zahlt 142,68 € für die Krankenversicherung.
Beitrag des Arbeitgebers für diesen Mitarbeiter:
Der Chef von Herrn Kurt zahlt 127,02 € für die Krankenversicherung.

Frau Held verdient monatlich 2560 €.

Beitrag des Arbeitnehmers:
Frau Held zahlt monatlich 209,92 € für die Krankenversicherung.
Beitrag des Arbeitgebers für diese Mitarbeiterin:
Der Chef von Frau Held zahlt 186,88 € für die Krankenversicherung.

Ein Merkmal der gesetzlichen Krankenversicherung ist das Solidaritätsprinzip. Das bedeutet, dass in der gesetzlichen Krankenversicherung Reichere für Ärmere, Junge für Alte und Unverheiratete für die Familien eintreten. Das ist vor allem daran zu erkennen, dass sich die Beiträge jedes Mitglieds nach seinem Gehalt richten.
(Infos nach: www.deutsche-sozialversicherung.de/de/krankenversicherung/finanzierung.html)

1. Berechne die monatlichen Einnahmen der Krankenversicherung für Herrn Kurt und für Frau Held.

Herr Kurt: ____________ Frau Held: ____________

2. Schlage im Wörterbuch den Begriff „Solidarität" nach. Erkläre in deinem Heft das Solidaritätsprinzip der gesetzlichen Krankenversicherung an einem Beispiel.

ISBN 978-3-8346-2273-0 | www.verlagruhr.de

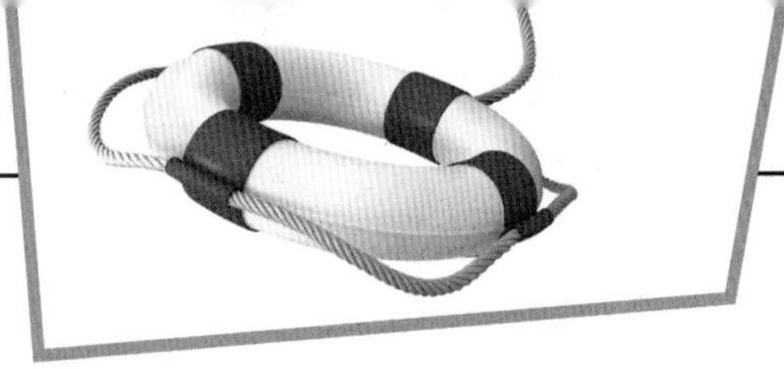

Das Beitrittsformular

Hat man sich für eine Krankenkasse entschieden und möchte dieser beitreten, so muss man zunächst schriftlich eine Mitgliedschaft beantragen.

Dies ist über folgende Wege möglich:

- Man geht in eine Geschäftsstelle einer Krankenkasse und spricht dort persönlich mit einem Mitarbeiter. Dieser kann einem das Beitrittsformular geben, oder man füllt dies mit dem Mitarbeiter aus.
- Man ruft in der Geschäftsstelle einer Krankenkasse an und lässt sich ein Beitrittsformular schicken. Dies füllt man dann aus und sendet es zurück.
- Man ruft im Internet die Seite der Krankenkasse auf. Hier gibt es in der Regel ein Beitrittsformular, das man sich herunterladen kann. Dieses kann man dann am Computer ausfüllen, ausdrucken und zurücksenden. Man kann es aber auch erst ausdrucken, handschriftlich ausfüllen und dann zurücksenden.

Die meisten Krankenkassen bieten ein Onlineformular an. Dies ist direkt auf der Homepage der Krankenkasse auszufüllen und wird mit der „Eingabetaste“ des Computers oder mit Hilfe eines „Absenden“-Buttons verschickt.

1. **Welchen Weg würdest du wählen? Begründe deine Meinung.**

2. **Erprobe das handschriftliche Ausfüllen eines Antrags auf Mitgliedschaft. Gehe dafür folgende Schritte:**

☐ **a)** Rufe im Internet die Seite www.gkv-spitzenverband.de auf.

☐ **b)** Klicke das Stichwort „Gesetzliche Krankenversicherung“ an. Wähle hier den Punkt „Grundprinzipien“ > „Alle gesetzlichen Krankenkassen“ aus, und klicke ihn an.

☐ **c)** Wähle aus dem Angebot der Krankenkassen eine aus, und rufe ihre Homepage auf.

☐ **d)** Suche auf dieser Homepage einen Antrag auf Mitgliedschaft, den du ausdrucken kannst (fülle keinen Antrag im Internet aus!).

☐ **e)** Fülle auf dem Antrag handschriftlich alle Felder aus, die du beantworten kannst.

☐ **f)** Tauscht euch in der Klasse über Erfahrungen und Rückfragen aus.

ISBN 978-3-8346-2273-0 | www.verlagruhr.de

Der Versicherungsschein und die Versichertenkarte

Wird man in eine Krankenkasse aufgenommen, so erhält man einen **Versicherungsschein**. Dieser ist der Nachweis für den Versicherungsschutz. Er sollte in einem Ordner sorgfältig aufbewahrt werden.

Der Versicherungsschein enthält alle Vereinbarungen des Vertrages. Er gibt also wieder, welche Leistungen die Krankenkasse bezahlt.

Als Mitglied einer Krankenkasse erhältst du außerdem eine **Krankenversichertenkarte**. Auf dieser Karte sind deine wichtigen Daten gespeichert. In der Arztpraxis oder im Krankenhaus werden diese Daten mit einem Lesegerät in den Computer übernommen. So können die Ärzte ihre Arbeit mit den Krankenkassen abrechnen. Die Ärzte werden in der Regel von den Krankenkassen bezahlt.

Die Versichertenkarte sollte man immer bei sich tragen.

Änderungen der persönlichen Daten müssen der Krankenkasse schriftlich oder telefonisch mitgeteilt werden. Normalerweise erhält man dann eine neue Karte.

1. **Erkundige dich bei deinen Eltern nach ihrem Versicherungsschein. Lass ihn dir zeigen, und finde heraus, wie viele Seiten er hat und wie er aufgebaut ist. Mache dir Notizen in deinem Heft. Tausche dich mit einem Partner in der Klasse darüber aus.**

2. **Sieh dir eine Versichertenkarte an (frage deine Eltern/Verwandte/Freunde). Notiere, welche Informationen sich sichtbar auf der Karte befinden.**

3. **Nenne Fälle, in denen sich persönliche Daten verändern können.**

4. **Übe mit einem Partner in einem Rollenspiel ein Telefongespräch, in dem du deiner Krankenkasse eine Datenänderung mitteilst. Einer ist der Mitarbeiter, der das Anliegen entgegennimmt, der andere der Versicherte, dessen Daten sich geändert haben. Anschließend tauscht ihr die Rollen.**

ISBN 978-3-8346-2273-0 | www.verlagruhr.de

Der Versicherungswechsel

Es ist möglich, die Krankenkasse zu wechseln (meist aber erst nach 18 Monaten Mitgliedschaft). Dies geht so:

- Zunächst muss die Mitgliedschaft bei der alten Krankenkasse gekündigt werden. (Die Kündigung muss schriftlich erfolgen. Dies kann mit dem Computer oder handschriftlich erledigt werden.)
- Die alte Krankenkasse bestätigt die Kündigung schriftlich. (Es kommt also ein Schreiben von der alten Krankenkasse mit der Post.)
- Es muss ein Antrag auf Mitgliedschaft bei einer neuen Krankenkasse gestellt werden. (Dies geht in einer Geschäftsstelle oder über das Internet.)
- Dem Antrag auf Mitgliedschaft muss die schriftliche Bestätigung der Kündigung der alten Krankenkasse beigefügt werden.

Die neue Krankenkasse bestätigt die neue Mitgliedschaft schriftlich.
Diesen Nachweis legst du der alten Kasse vor. Erst dann wird die Kündigung gültig, und die Mitgliedschaft in der alten Versicherung endet.
Es besteht also nicht die Gefahr, für einige Zeit ohne Krankenversicherung zu sein!
Die Kündigungsfrist beträgt in der Regel zwei Monate.
Gekündigt wird jeweils zum Monatsende.

Beispiele:

Kündigungstag: 23.03.	*Letzter Tag der Mitgliedschaft: 31.05.*
Kündigungstag: 06.07.	*Letzter Tag der Mitgliedschaft: 30.09.*

Sieh dir die Vorlage für eine Kündigung der Mitgliedschaft in einer Krankenkasse an. Fertige nach diesem Muster handschriftlich oder am Computer eine Kündigung auf einem DIN-A4-Blatt an. Denke dir fehlende Angaben aus.

Absender:
XXX

Ort, Datum

An die Krankenkasse:
XXXX

Kündigung meiner Mitgliedschaft
Krankenversicherungs-Nr. ___________

Sehr geehrte Damen und Herren,

hiermit kündige ich meine Mitgliedschaft bei Ihnen zum nächstmöglichen Zeitpunkt. Bitte senden Sie mir eine schriftliche Bestätigung dieser Kündigung zu. Bitte sehen Sie von Rückwerbeversuchen ab.

Mit freundlichen Grüßen

____
Unterschrift

ISBN 978-3-8346-2273-0 | www.verlagruhr.de

Plötzlich ist alles anders!

David ist 27 Jahre alt. Vor zwei Jahren ist er beim Einkaufen auf einer Rolltreppe ins Stolpern gekommen und gestürzt. Seine Verletzungen der Wirbelsäule waren sehr schwer.
Er hat lange im Krankenhaus gelegen. Inzwischen ist er wieder zu Hause. Er sitzt in einem speziellen Rollstuhl und benötigt bei vielen Tätigkeiten die Hilfe anderer Menschen. Um für ihn da zu sein und ihm seinen Alltag zu ermöglichen, hat seine Mutter ihre Halbtagsanstellung als Verkäuferin aufgegeben. Ohne sie müsste er durch einen mobilen Pflegedienst betreut werden oder in eine Pflegeeinrichtung umziehen. Abends unterstützt Davids Vater den Einsatz der Mutter, um sie zu entlasten. Früher ist er 2-mal in der Woche Kegeln gegangen. Damit hat er jetzt erst einmal aufgehört. Für Davids Familie hat sich seitdem viel verändert …

Welche Gefühle kann Davids Sturz für ihn und seine Familienmitglieder auslösen? Schreibe mögliche Gefühle mit einer kurzen Begründung an die Felder.

Fühlt sich einsam, da er nicht mehr alles mitmachen kann, was seine Freunde tun.

Fühlt sich minderwertig, da sie nicht mehr zum Einkommen der Familie beitragen kann.

David

Mutter

Vater

ISBN 978-3-8346-2273-0 | www.verlagruhr.de

Die Pflegeversicherung

In Deutschland leben mehr als zwei Millionen Menschen, die für ihr tägliches Leben Betreuung oder Unterstützung benötigen. Das bedeutet, dass diese Menschen durch körperliche, geistige oder seelische Krankheiten oder Behinderungen nicht in der Lage sind, ihr Leben selbstständig zu führen. Damit sie auch weiterhin ein möglichst normales Leben haben können, wurde die Pflegeversicherung eingeführt.

Die Pflegeversicherung stellt Geld- oder Sachleistungen zur Verfügung, mit denen die sogenannte „Grundpflege“ (wie Körperpflege und Ernährung) und die hauswirtschaftliche Versorgung (wie Einkaufen, Putzen oder Spülen) gesichert werden.
Sie bezahlt z.B.:

- Pflegekurse für Angehörige und ehrenamtliche Pflegepersonen
- Pflegegeld für selbstorganisierte Unterstützung bei der Pflege
- Tages- und Nachtpflege
- Pflegehilfsmittel und technische Hilfen
- Zuschüsse zur Anpassung der Wohnung/des Hauses an die Bedürfnisse des Pflegebedürftigen

(Infos nach: www.deutsche-sozialversicherung.de/de/pflegeversicherung/index.html)

1. **Überlege mit einem Partner: Was können Pflegebedürftige unter Umständen nicht mehr allein tun? Was fällt also ggf. in den Aufgabenbereich der Pflegenden? Legt eine Tabelle wie unten im Heft an, und ordnet eure Stichworte ein.**

Grundpflege	*Hauswirtschaftliche Versorgung*

2. **Wie könnte eine „Anpassung von Wohnung oder Haus“ beispielsweise aussehen?**

____

____

____

ISBN 978-3-8346-2273-0 | www.verlagruhr.de

Die Beiträge

Die Pflegekassen sind den Krankenkassen angeschlossen. Wenn man sich eine Krankenkasse ausgewählt hat und an diese Beiträge für die Krankenversicherung zahlt, so gehen auch die Beiträge für die Pflegeversicherung an diese Krankenkasse.
Die Beiträge für die Pflegeversicherung teilen sich die Arbeitgeber und Arbeitnehmer. Jeder zahlt etwa den gleichen Anteil an die Pflegeversicherung. Die Höhe des Betrages richtet sich nach der Höhe des Bruttolohnes (= Lohn vor Abzügen, wie Versicherungen und Lohnsteuer) des Arbeitnehmers.

(Infos nach: www.deutsche-sozialversicherung.de/de/pflegeversicherung/finanzierung.html)

Beispiel (Stand November 2012):

Herr Kurt verdient monatlich 1740 €.

Beitrag des Arbeitnehmers:
Herr Kurt zahlt 16,97 € für die Pflegeversicherung.
Beitrag des Arbeitgebers für diesen Mitarbeiter:
Der Chef von Herrn Kurt zahlt 16,97 € an die Pflegeversicherung.

Frau Held verdient monatlich 2560 €.

Beitrag des Arbeitnehmers:
Frau Held zahlt monatlich 24,96 € an die Pflegeversicherung.
Beitrag des Arbeitgebers für diese Mitarbeiterin:
Der Chef von Frau Held zahlt 24,96 € an die Pflegeversicherung.

Ich muss mehr Geld für die Pflegeversicherung zahlen als Herr Kurt. Das finde ich ungerecht! Sollte ich pflegebedürftig werden, bekomme ich die gleichen Leistungen wie Herr Kurt.

1. **Wie viel Geld zahlt Herr Kurt von seinem Lohn im Jahr in die Pflegekasse, wie viel Frau Held?** ______________________________

2. **Stimmst du Frau Held zu oder nicht? Begründe deine Meinung.**

____

____

ISBN 978-3-8346-2273-0 | www.verlagruhr.de

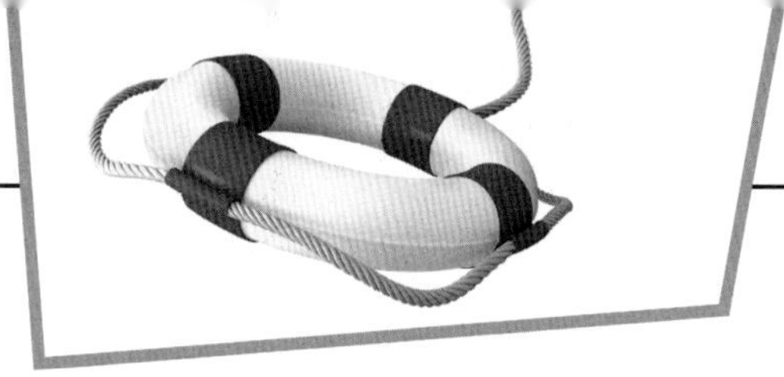

Arbeitslos!

Jasmin lebt mit ihrem kleinen Bruder Jens und ihren Eltern in der Nähe von Frankfurt. Jasmins Mutter ist Hausfrau. Ihr Vater arbeitet seit zwei Jahren als Kfz-Mechatroniker bei einer großen Autofirma. Die Stimmung zu Hause war in den letzten Wochen häufig schlecht. Die Eltern sind sehr besorgt, da es der Firma des Vaters nicht gut geht. Häufig ist die Rede von Entlassungen. Eines Tages kommt Jasmins Vater bedrückt nach Hause. Er hält ein Schreiben in der Hand. Seiner Familie erklärt er die Situation: Um Gelder zu sparen, muss die Firma auf Mitarbeiter verzichten und einige von ihnen entlassen. Da der Vater zu den neueren Mitarbeitern der Firma zählt, gehört er leider zu den Entlassenen. Er bekommt noch zwei Monatsgehälter und einen kleinen Geldbetrag. Jasmins Mutter beginnt, zu weinen ...

1. **Bildet Kleingruppen, diskutiert und sammelt: Welche Veränderungen werden auf die Familie zukommen? Welche Folgen werden die Veränderungen haben?**
2. **Versetze dich in die Lage von Jasmin. Welche Gedanken gehen ihr durch den Kopf? Schreibe einen Tagebucheintrag.**

ISBN 978-3-8346-2273-0 | www.verlagruhr.de

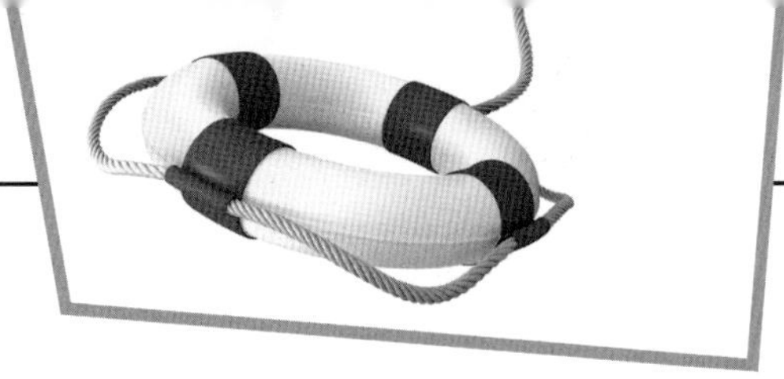

Die Arbeitslosenversicherung

Die Arbeitslosenversicherung hat vor allem zwei Ziele:

- Sie soll helfen, Menschen Arbeit und Ausbildungen zu verschaffen.
- Sie soll den Lebensunterhalt der Menschen im Falle der Arbeitslosigkeit sichern.

Folgende Beispiele sind Leistungen der Arbeitslosenversicherung:

- Beratung
- Unterstützung bei der Vermittlung in Arbeitsstellen (z.B. Bewerbungskosten, Reisekosten)
- Maßnahmen zur Erhöhung der Chance auf eine Arbeitsstelle (z.B. Fortbildungen)
- Hilfe beim Antritt von Arbeitsstellen an weiter entfernten Orten (z.B. Reisekostenbeihilfe; Fahrkostenbeihilfe, Umzugskostenbeihilfe)
- Förderung der Berufsausbildung (z.B. ausbildungsbegleitende Hilfen; Berufsausbildung in einer außerbetrieblichen Einrichtung)
- Förderung der beruflichen Weiterbildung (z.B. Computerkurse)
- Förderung der Teilhabe behinderter Menschen am Arbeitsleben (z.B. finanzielle Unterstützung von Betrieben, die behinderte Menschen beschäftigen)
- Lohnersatzleistungen (z.B. Arbeitslosengeld)

(Infos nach: www.deutsche-sozialversicherung.de/de/arbeitslosenversicherung/leistungen.html)

1. Finde für beide Ziele der Arbeitslosenversicherung Beispiele.

____

____

2. Kennst du Menschen, die Leistungen der Arbeitslosenversicherung beziehen? Berichte deiner Klasse, ohne Namen zu nennen.

3. Kannst du dir vorstellen, eine oder mehrere der oben genannten Leistungen nach der Schule in Anspruch zu nehmen? Welche Leistungen sind das?

____

____

____

ISBN 978-3-8346-2273-0 | www.verlagruhr.de

Die Beiträge

Die Arbeitslosenversicherung bietet viele Leistungen an. Dafür benötigt sie auch viel Geld. Einen Teil des Geldes erhält die Versicherung vom Bund. Der Rest kommt durch die Beiträge der Versicherten zusammen.
Der Arbeitnehmer bezahlt einen Teil seines Lohnes an die Arbeitslosenversicherung. Der Arbeitgeber zahlt für diesen Arbeitnehmer noch einmal den gleichen Betrag. Die Höhe dieser beiden Beträge richtet sich nach der Höhe des Bruttolohnes (= Lohn vor den Abzügen). Es gibt hier allerdings eine Grenze. Hat ein Arbeitnehmer ein sehr hohes Gehalt, so wird nur ein Teil seines Gehaltes beachtet. Dies nennt man „Beitragsbemessungsgrenze".

(Infos nach: www.deutsche-sozialversicherung.de/de/arbeitslosenversicherung/finanzierung.html)

Beispiel (Stand November 2012):

Herr Kurt verdient monatlich 1740 €.

Beitrag des Arbeitnehmers:
Herr Kurt zahlt 26,10 € für die Arbeitslosenversicherung.
Beitrag des Arbeitgebers für diesen Mitarbeiter:
Der Chef von Herrn Kurt zahlt 26,10 € für die Arbeitslosenversicherung.

Frau Held verdient monatlich 2560 €.

Beitrag des Arbeitnehmers:
Frau Held zahlt monatlich 38,40 € für die Arbeitslosenversicherung.
Beitrag des Arbeitgebers für diese Mitarbeiterin:
Der Chef von Frau Held zahlt 38,40 € für die Arbeitslosenversicherung.

1. **Findest du die monatliche Abgabe zu hoch, zu niedrig oder angemessen? Tausche deine Argumente mit einem Partner aus.**
2. **Wie viele Menschen sind aktuell in Deutschland arbeitslos?**

   Nutze das Internet. ____________________
3. **Welche Folgen kann eine hohe Zahl an Menschen ohne Arbeit für ein Land haben? Überlege gemeinsam mit einem Partner.**

ISBN 978-3-8346-2273-0 | www.verlagruhr.de

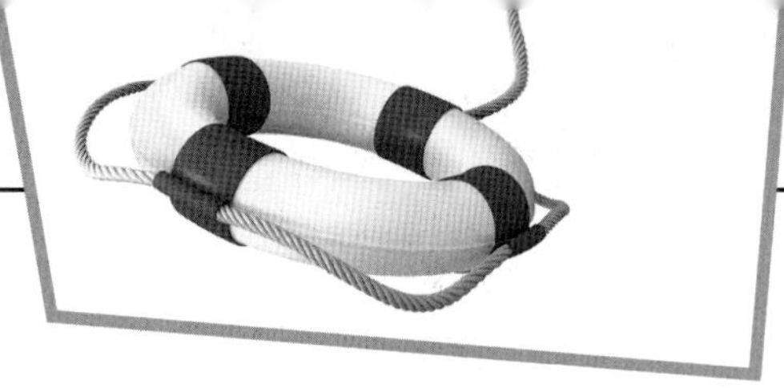

Die Berufsvorbereitende Bildungsmaßnahme

Eine Leistung, die durch die Arbeitslosenversicherung finanziert wird, ist die „Berufsvorbereitende Bildungsmaßnahme“ – oder kürzer: die BvB.
Einige Jugendliche und junge Erwachsene schaffen es im Anschluss an die Schule nicht direkt, eine Ausbildung zu beginnen. Sie sind noch nicht „berufsreif“. Das kann der Fall sein, wenn sie es z.B. nicht schaffen, die Anforderungen einer Berufsschule zu schaffen, pünktlich zu kommen oder sich an Betriebsregeln zu halten. Manche Jugendliche sind auch in ihrer Entwicklung noch zu kindlich. Sie benötigen noch eine Vorbereitungszeit. Diese Vorbereitung können sie z.B. in einer BvB erhalten.

Das bedeutet, dass sie für zehn Monate eine Einrichtung (z.B. ein Berufsbildungswerk) besuchen und dort

- einen Beruf finden, der zu ihnen passt
- eigene Stärken und Talente entdecken
- passende Praktika machen
- Unterricht in Theorie und Praxis bekommen
- ggf. Hilfe beim Schulabschluss bekommen

Die Plätze in einer BvB werden von den Mitarbeitern der Agentur für Arbeit vergeben. Sollte man eine solche Maßnahme besuchen wollen, ist es notwendig, sich mit seinem zuständigen Berufsberater der Agentur für Arbeit in Verbindung zu setzen.
Meist erkennen diese im Beratungsgespräch mit den Jugendlichen, ob sie schon reif für eine Ausbildung sind oder noch eine Vorbereitungszeit benötigen.

Suche dir einen Partner. Beantwortet gemeinsam folgende Fragen im Heft. Tauscht euch anschließend in der Klasse aus.

a) Einige Jugendliche oder junge Erwachsene schaffen es nicht, nach der Schule direkt in eine Berufsausbildung einzusteigen. Welche Gründe kann es dafür geben?

b) Welche Fertigkeiten und Fähigkeiten sind für einen Berufseinstieg wichtig?

c) Was genau ist ein Berufsbildungswerk? Forsche mit einem Partner im Internet, und erkläre es mit eigenen Worten.

ISBN 978-3-8346-2273-0 | www.verlagruhr.de

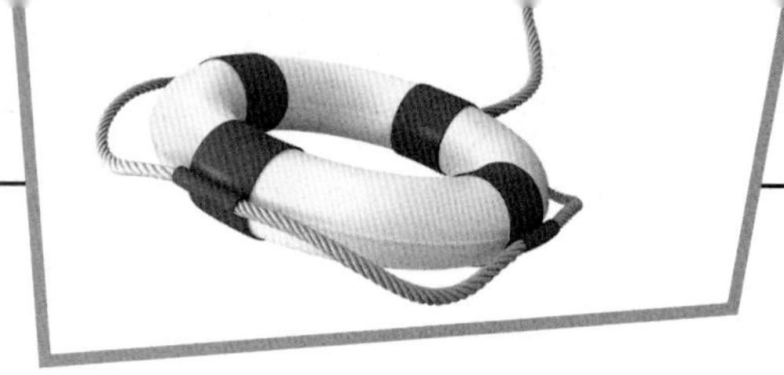

Endlich Rentner!

Frau Rehberg feiert heute ihren letzten Arbeitstag. Ab morgen ist sie Rentnerin. Vor vielen Jahren – als sie 15 war – hat sie ihre Ausbildung als Verkäuferin (heute Kauffrau im Einzelhandel) begonnen. Seitdem war sie immer berufstätig. Die letzten 15 Jahre arbeitete sie in einem kleinen Supermarkt in der Nähe ihrer Wohnung. Zu vielen Kollegen hat sie eine freundschaftliche Beziehung aufgebaut. Eigentlich ist sie fast jeden Tag gerne zu ihrem Arbeitsplatz gegangen. In den letzten Jahren wurde es aber immer anstrengender. Häufig taten ihr am Ende des Tages der Rücken und die Beine weh.

Heute überraschen die Kollegen Frau Rehberg mit einer kleinen Abschiedsfeier. Sie haben alle zusammengelegt und einen Liegestuhl für den Balkon gekauft. Diesen soll die Rentnerin jetzt täglich nutzen – sie hat ja nun viel Zeit! Frau Rehberg ist gerührt. Am Abend verlässt sie die Feier mit einem lachenden und einem weinenden Auge!

1. Was könnte der folgende Satz bedeuten:

„Frau Rehberg geht mit einem lachenden und einem weinenden Auge in die Rentenzeit."

Formuliere einen Satz, der die gleiche Aussage hat, aber besser zu verstehen ist.

____

____

____

____

____

2. Male auf ein DIN-A4-Blatt ein Gesicht mit einem weinenden und einem lachenden Auge.
Schreibe an die lachende Gesichtshälfte alle Dinge, die du als Vorteil des Rentners siehst.
Schreibe an die weinende Gesichtshälfte alle Dinge, die du als Nachteil des Rentners siehst.

ISBN 978-3-8346-2273-0 | www.verlagruhr.de

Die Rentenversicherung

Nachdem man viele Jahre gearbeitet hat, geht man in Deutschland in der Regel etwa mit 65–67 Jahren in den Ruhestand. Dann ist man Rentner.
Gerade in dieser Zeit – wenn man nicht mehr arbeiten kann – ist es wichtig, genug Geld zum Leben zu haben. Aus diesem Grund gibt es die Rentenversicherung. Sie ersetzt im Alter den Lohn.

Der Generationenvertrag

In der Rentenversicherung gilt der Generationenvertrag. Das bedeutet, dass die alten Menschen ihr Geld direkt von den Einzahlungen der (arbeitenden) jüngeren Menschen bekommen. Niemand zahlt also für die eigene Rente ein.

(Infos nach: www.deutsche-sozialversicherung.de/de/rentenversicherung/index.html;
Abbildung nach: www.rentenwege.info/demographie.html)

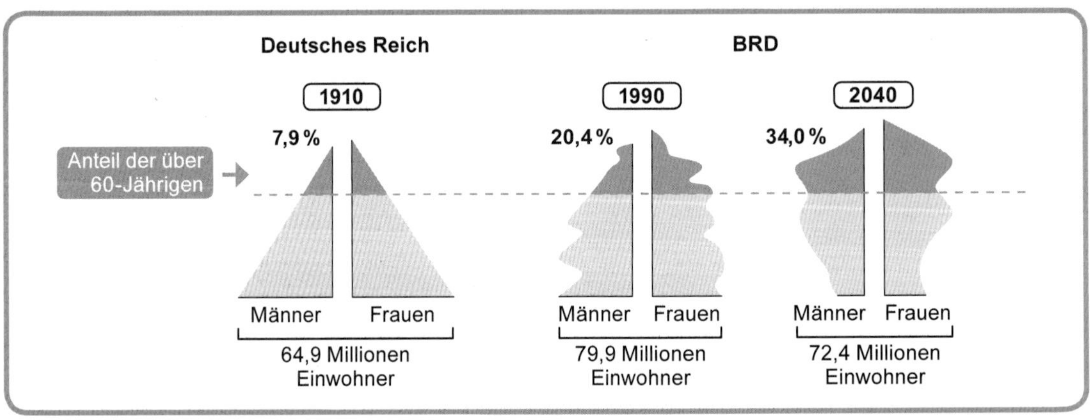

1. **Diskutiert in der Klasse, wie die Menschen früher – vor der Einführung der Rentenversicherung – wohl alt wurden.**
2. **Sieh dir das Schaubild an. Vergleiche den Anteil der Rentner (der über 60-Jährigen, können auch Frührentner sein) im Jahr 1910 mit dem Jahr 2040. Beantworte folgende Fragen im Heft.**
   a) Welche Entwicklung erkennst du?
   b) Was bedeutet diese Entwicklung für den Generationenvertrag?
   c) Warum ist es heutzutage sinnvoll, weitere Renten- oder Lebensversicherungen abzuschließen und so mehr Geld für das Alter „auf die hohe Kante“ zu legen?

ISBN 978-3-8346-2273-0 | www.verlagruhr.de

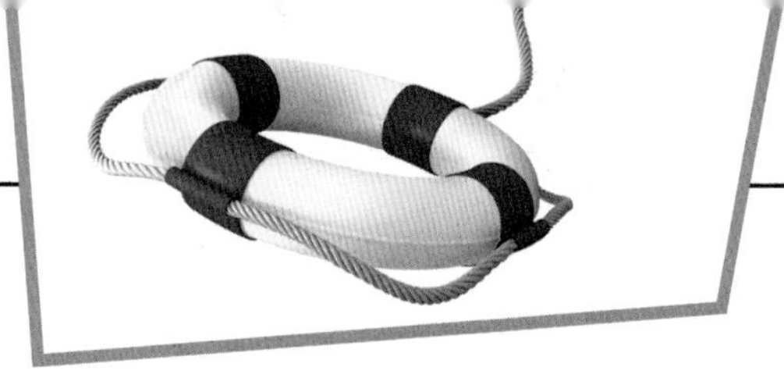

Die Beiträge

Die gesetzliche Rentenversicherung wird hauptsächlich durch Beiträge von Arbeitgebern und Arbeitnehmern finanziert. Die Arbeitnehmer zahlen einen Teil ihres Bruttolohnes in die Rentenversicherung ein. Der Arbeitgeber zahlt für den Arbeitnehmer noch einmal den gleichen Beitrag an die Rentenversicherung. Die Höhe der Beträge richtet sich nach der Höhe des Bruttolohnes (= Lohn vor Abzügen, wie Versicherungen und Lohnsteuer).

Beispiel (Stand November 2012):

Herr Kurt verdient monatlich 1740 €.

Beitrag des Arbeitnehmers:
Herr Kurt zahlt 170,52 € für die Rentenversicherung.
Beitrag des Arbeitgebers für diesen Mitarbeiter:
Der Chef von Herrn Kurt zahlt 170,52 € für die Rentenversicherung.

Frau Held verdient monatlich 2560 €.

Beitrag des Arbeitnehmers:
Frau Held zahlt monatlich 250,88 € für die Rentenversicherung.
Beitrag des Arbeitgebers für diese Mitarbeiterin:
Der Chef von Frau Held zahlt 250,88 € für die Rentenversicherung.

Die Höhe der Rentenauszahlungen richtet sich nach den eingezahlten Beträgen. Wer während der Berufstätigkeit viel eingezahlt hat, bekommt also auch eine höhere Rente.
Dies ist ein Unterschied zu allen anderen Sozialversicherungen.
Menschen, die wenig in die Rentenversicherung einzahlen, bekommen später auch nur wenig Rente. Diese Menschen können ihre Rente erhöhen, indem sie zusätzlich in eine freiwillige Rentenversicherung einzahlen. Sie bekommen dann im Rentenalter Geld aus „zwei Töpfen", also von zwei Versicherungen.

(Infos nach: www.deutsche-sozialversicherung.de/de/rentenversicherung/finanzierung.html)

1. **Wer wird einmal mehr Rente bekommen – Frau Held oder Herr Kurt?** ____________________

2. **Findest du es gerecht, dass Menschen, die mehr Geld in die Rentenkasse eingezahlt haben, auch mehr ausgezahlt bekommen? Tausche dich mit einem Partner aus.**

ISBN 978-3-8346-2273-0 | www.verlagruhr.de

Der Unfall!

Katrin befindet sich in der Ausbildung zur Malerin und Lackiererin. Der Beruf ist ihr Traumberuf. Manchmal darf sie mit ihrer Firma sogar in benachbarte Städte fahren, um dort Aufträge zu erledigen. Dann fahren sie schon früh am Morgen zu viert oder zu fünft mit dem Firmentransporter los.
So auch um 6.30 Uhr an einem Mittwoch im Januar. Im Auto ist es zu dieser frühen Stunde noch kalt. Die Straßen sind zum Teil gefroren. In einer Kurve gerät der Wagen ins Schlingern. Er kommt von der Fahrbahn ab und rutscht gegen einen Baum. Katrin muss durch die Feuerwehr aus dem verbeulten Fahrzeug befreit werden. Sie wird mit dem Rettungswagen in das nächste Krankenhaus gebracht. Dort stellen die Ärzte fest, dass Katrin sich mehrere Rippen und das Becken gebrochen hat. Einige Wochen später erhält sie von ihrem Arzt eine schlechte Nachricht: Da der Beckenbruch nur sehr schlecht heilt, muss Katrin ihre Ausbildung abbrechen. Eine Leiter wird sie nicht mehr täglich hochsteigen können.

1. **Überlege, welche Gedanken Katrin nach der Nachricht des Arztes haben könnte.**

2. **Welche Folgen kann der Unfall für Katrins Leben haben? Tausche dich mit einem Partner aus.**

ISBN 978-3-8346-2273-0 | www.verlagruhr.de

Die Unfallversicherung

Jedes Jahr kommt es in Deutschland zu etwa 1,4 Millionen Arbeits- und Wegeunfällen (also Unfälle, die z.B. in der Werkstatt oder unterwegs passieren). Dazu kommen ca. 18 000 Fälle von Berufskrankheiten und rund 1,5 Millionen Schulunfälle. Es ist die Aufgabe der gesetzlichen Unfallversicherung, die Gesundheit und damit die Arbeitskraft dieser Menschen so gut wie möglich wiederherzustellen.

Die gesetzliche Unfallversicherung schützt u.a. folgende Personen:

- Arbeitnehmer und Angestellte
- Kinder, die Tageseinrichtungen besuchen
- Schüler und Studenten
- Menschen mit Behinderung in entsprechenden Werkstätten
- Helfer bei Unglücksfällen
- Blut- und Organspender
- Pflegende in Haushalten und Haushaltshilfen
- Arbeitslose und Sozialhilfeempfänger, die sich regelmäßig bei der Agentur für Arbeit melden (das nennt man die Erfüllung der Meldepflicht)
- Strafgefangene
- Entwicklungshelfer

Bei einem Arbeitsunfall oder einer Berufskrankheit kommt die gesetzliche Unfallversicherung für die Folgen auf.
Sie ermöglicht:

- eine umfassende Behandlung zur Heilung
- Leistungen, damit man weiterarbeiten kann (z.B. Umschulung)
- Leistungen zur Teilnahme am Leben in der Gemeinschaft
- Geldleistungen an Versicherte und Hinterbliebene

Die Beiträge für die Unfallversicherung zahlen nur die Arbeitgeber.

(Infos nach: www.deutsche-sozialversicherung.de/de/unfallversicherung/index.html)

1. Finde jeweils zwei Beispiele für Arbeitsunfälle, Wegeunfälle, Berufskrankheiten und Schulunfälle.

____

____

____

2. Was könnten Leistungen zur Teilhabe am Leben in der Gemeinschaft sein? Überlege mit einem Partner.

ISBN 978-3-8346-2273-0 | www.verlagruhr.de

Checkliste für den Lebensordner

Dies ist die Bedeutung des Begriffs „Versicherung“:	
Aus diesem Grund ist Deutschland ein „sozialer Staat“:	
Dies sind die fünf gesetzlich vorgeschriebenen Versicherungen:	
So nennt sich der Lohn, den ein Arbeiter auf sein Konto ausbezahlt bekommt:	
Für diese Leistungen kommt die Krankenversicherung auf:	
Diese zwei Arten von Leistungen bezahlt die Pflegeversicherung:	
Die Arbeitslosenversicherung hat zwei Ziele. Sie lauten:	
In der Rentenversicherung gilt der Generationenvertrag. Das bedeutet:	
In diese gesetzliche Versicherung zahlt nur der Arbeitgeber ein:	
Diese Bedeutung haben die Abkürzungen KV, PV, RV und AV:	

ISBN 978-3-8346-2273-0 | www.verlagruhr.de

Was bedeutet was?

Arbeitgeber	Der Arbeitgeber ist derjenige, der Personen anstellt und bezahlt. Er „gibt" die Arbeit (Chef, Firmenbesitzer, Geschäftsführer).
Arbeitnehmer	Der Arbeitnehmer ist derjenige, der Arbeit von einer anderen Person bekommt („nimmt") und für seine Arbeit bezahlt wird.
Akupunktur	Akupunktur ist eine Heilmethode, die aus China kommt. Dabei werden je nach Krankheit verschiedene Punkte des Körpers durch sehr feine Nadeln angestochen.
Bund	Der Bund ist das gesamte Land Deutschland. Ein Land dagegen meint eines der 16 Bundesländer.
finanzieren	„Finanzieren" ist ein anderes Wort für „bezahlen".
Grundgesetz	Das Grundgesetz ist die politische und rechtliche Grundordnung des Landes. Im Grundgesetz sind die Grundrechte jedes deutschen Staatsbürgers aufgeschrieben.
Intensivstation	Die Intensivstation ist die Abteilung im Krankenhaus, in der Menschen mit besonders schweren Krankheiten oder Verletzungen behandelt werden.
Mitgliedschaft	Eine Mitgliedschaft ist eine angemeldete Teilnahme in einem Verein oder in einer Organisation.
schriftliche Bestätigung	Eine schriftliche Bestätigung ist ein Schreiben, in dem man etwas zugesagt bekommt. Man kann es als Beweis für eine Handlung einsetzen.
Selbstständiger	Ein Selbstständiger ist das Gegenteil von einem Angestellten. Er arbeitet nicht im Auftrag einer anderen Person, sondern für sich selber.
Vorsorge	Wenn man Maßnahmen trifft, um sich vor etwas zu schützen, nennt man dies Vorsorge (z.B. eine Impfung gegen Grippe, Muskelaufbau gegen Rückenschmerzen).
Zuschüsse	Zuschüsse sind Gelder, die man zu den bereits vorhandenen Geldern erhalten kann.

ISBN 978-3-8346-2273-0 | www.verlagruhr.de

Freiwillige Versicherungen

Freiwillige Versicherungen

Grundsätzlich muss man zwischen zwei Versicherungsarten unterscheiden:

- Sozialversicherungen
- freiwillige Versicherungen

Die **Sozialversicherungen** sind Pflichtversicherungen. Jeder Arbeitnehmer muss Geld für Krankenversicherung, Pflegeversicherung, Rentenversicherung und Arbeitslosenversicherung bezahlen. Dieses Geld wird direkt vom Lohn abgezogen. Es erscheint gar nicht auf dem Konto. Der Arbeitnehmer kann nicht selber entscheiden, ob er diese Versicherungen zahlen will – er muss dafür zahlen. Die Höhe des Betrages ist gesetzlich festgelegt. Sie richtet sich in der Regel nach der Höhe des Bruttolohnes (= Lohn vor Abzügen, wie Versicherungen und Lohnsteuer).

Bei den **freiwilligen Versicherungen** muss noch einmal unterschieden werden.
Es gibt Versicherungen, die man abschließen muss, wenn man sich etwas kauft. Hat man z.B. ein Auto, ist es Pflicht, eine Kraftfahrzeugversicherung abzuschließen. Hier besteht die Freiwilligkeit nur darin, dass man entscheiden kann, ob man ein Auto kauft oder nicht.
Die monatlichen Kosten für diese Versicherungen werden nicht direkt vom Lohn abgezogen. Diese Kosten muss man selber vom Nettolohn (= Lohn nach den Abzügen) bezahlen.
Es gibt aber auch freiwillige Versicherungen, bei denen man selber entscheiden kann, ob man sie benötigt oder nicht. Ein Beispiel dafür ist eine Hausratversicherung. Damit versichert man seine Möbel, falls sie geklaut werden oder durch einen Schaden (z.B. einen Wasserrohrbruch) kaputtgehen. Die Beiträge für diese Versicherungen muss man ebenfalls vom Nettolohn bezahlen.

1. Erkläre den Unterschied zwischen den Sozialversicherungen und den freiwilligen Versicherungen mit eigenen Worten.

____

____

____

2. Warum sind die freiwilligen Versicherungen nicht alle ganz „freiwillig“?

____

____

3. Kennst du freiwillige Versicherungen? Notiere Beispiele. Nimm ggf. das Internet zu Hilfe.

____

ISBN 978-3-8346-2273-0 | www.verlagruhr.de

Verschiedene Arten von Versicherungen

Es gibt viele Versicherungen für unterschiedliche Schadensfälle.
Grundsätzlich kann eine Versicherung die Menschen nicht vor dem Schaden schützen.
Sie kann aber die finanziellen Folgen eines Schadens klein halten.

Man kann Versicherungen in drei Arten unterteilen:

- **Personenversicherungen:** Die Versicherung tritt ein, wenn Personen zu Schaden kommen, z.B. durch eine Krankheit, einen Unfall oder im Todesfall.
- **Sachversicherungen:** Die Versicherung tritt ein, wenn Sachgegenstände beschädigt, zerstört oder verloren werden, z.B. Autos, Möbel, Elektrogeräte, Häuser oder Schmuck.
- **Vermögensversicherungen:** Die Versicherung tritt ein, wenn das Vermögen, also das Einkommen oder das Ersparte, geschädigt wird, z.B. durch hohe Gerichtskosten.

(Infos nach: www.versicherungen-verstehen.de/Versicherungen.html)

Lies mit einem Partner die folgenden Fallbeispiele.
Überlegt gemeinsam, um welche Art von Schaden es sich handelt: Personenschaden, Sachschaden oder Vermögensschaden?
Begründet eure Meinung.

Ein Unwetter tobt. Herr Selge hört ein lautes Krachen. Einige Dachpfannen haben sich gelöst und sind zu Boden gefallen. Durch das Loch regnet es in den Dachboden.

Daniels Vater ist gestorben. Alle sind sehr traurig. Daniels Mutter macht sich Sorgen, denn die Familie hat vor wenigen Jahren ein Haus gebaut. Die Raten für den Kredit sind noch nicht abbezahlt. Der Bankberater beruhigt Daniels Mutter. Ein großer Teil der Schulden kann durch die Auszahlung der Lebensversicherung des Vaters bezahlt werden.

Herr und Frau Setzer haben eine Wohnung gekauft. Da Herr Setzer als Dachdecker ein regelmäßiges Einkommen hatte, hat ihnen die Bank einen Kredit gegeben. Durch einen Sturz vom Dach hat sich Herr Setzer die Wirbelsäule verletzt. Er kann nun nicht mehr arbeiten.

Familie Huber macht nach dem Urlaub eine unangenehme Entdeckung: Während ihrer Abwesenheit sind Einbrecher im Haus gewesen und haben alle technischen Geräte gestohlen.

Bettina ist umgezogen. Leider hat sie großen Ärger mit ihrem Vermieter. Sie sucht einen Anwalt auf, der sich für ihre Rechte als Mieterin einsetzt. Es kommt zu einem Gerichtsverfahren.

ISBN 978-3-8346-2273-0 | www.verlagruhr.de

Dumm gelaufen!

Jessica hat einen neuen Freund. Er heißt Alex. Die beiden sind sehr verliebt ineinander. Jeden Abend telefonieren sie ewig lange miteinander. Jessicas Handykarte ist bereits nach einer Woche leer. Eine neue kann sie sich aber gerade nicht leisten. Zum Glück hilft ihr Sabine aus der Klemme. Sie leiht Jessica ihr Handy. Damit kann sie kostenlos telefonieren, weil Sabine eine Flatrate hat.
Da Alex oft lange arbeiten muss, ruft er häufig spät an. Jessica hat Sabines Handy auf die Matratze gelgt. Sie will den Anruf auf keinen Fall verpassen.
Morgens wundert sie sich, dass sich Alex nicht gemeldet hat. Beim Aufstehen entdeckt sie den Grund: Sabines Handy ist in der Nacht zu Boden gefallen und kaputt gegangen.
Was jetzt?

1. Wie würdest du an Sabines Stelle reagieren?

____

____

____

2. Welche Möglichkeiten hat Jessica, um den Schaden wieder gut zu machen? Tausche dich mit einem Partner aus. Diskutiert verschiedene Möglichkeiten. Schreibt die Lösung auf, die eurer Meinung nach am besten ist.

____

____

____

____

____

3. Stellt eure Lösung in einem Rollenspiel dar.

ISBN 978-3-8346-2273-0 | www.verlagruhr.de

Die private Haftpflichtversicherung

Das heruntergefallene Handy der Freundin, ein Brandloch durch Zigarettenasche im Sofa des Bekannten, ein Kratzer durch den Fahrradlenker im Auto des Nachbarn …
Das alles sind Schäden, die aus Versehen passieren können. Aber sie sind ärgerlich, und die Reparaturen kosten Geld.
Schuldig ist im Fall eines Schadens derjenige, der den Schaden verursacht hat. Er muss die entstehenden Kosten tragen. Je nach Schaden können diese Kosten sehr hoch sein.
Um auch im Fall eines großen Schadens abgesichert zu sein, kann man eine **private Haftpflichtversicherung** abschließen. Die Versicherung übernimmt dann die Kosten für den Schaden (Sachschäden und Personenschäden).

Es gibt sehr viele Anbieter für private Haftpflichtversicherungen. Bei der Auswahl sollte man den jährlichen Beitrag beachten. Das ist der Preis, den man in einem Jahr für die Versicherung zahlen muss. Außerdem muss man darauf achten, welche Fälle die Versicherung abdeckt.
Man kann in der Regel eine Deckungssumme zwischen 1 000 000 und 15 000 000 € wählen. Das bedeutet, dass die Versicherung einen Schaden bis zu dieser Geldsumme übernimmt.
Die Einzahlungen liegen für Singles etwa zwischen 40 und 120 € im Jahr (für Familien zwischen 50 und 150 €).

(Infos nach:
www.versicherungen.de/privathaftpflicht.0.html,
www.comfortplan.de und www.geld.de)

1. Überlege dir einen Fall, in dem der Schaden besonders hoch ist.

____

____

2. Berechne die Beiträge der Haftpflichtversicherung für einen Monat bei einem Jahresbeitrag von 48 € _______ / 84 € _______ / 120 € _______

3. Findest du eine private Haftpflichtversicherung sinnvoll? Begründe deine Meinung.

____

____

4. Suche im Internet Anbieter von privaten Haftpflichtversicherungen. Nenne fünf Anbieter.

____

____

____

ISBN 978-3-8346-2273-0 | www.verlagruhr.de

Glück im Unglück!

Herr Lücke hat auf dem Weg zur Arbeit einen Verkehrsunfall verursacht. Er hat nicht gesehen, dass das Auto vor ihm an einer roten Ampel anhielt. Viel zu spät ist er auf die Bremse getreten. Mit einem lauten Krachen ist er auf das Fahrzeug aufgefahren.
Nach dem ersten Schreck kam auch direkt die Erleichterung: Der Fahrer des anderen Wagens öffnete die Tür, stieg aus und kam auf ihn zu. Er war unverletzt. Die Autos dagegen waren beide beschädigt. Herr Lücke rief die Polizei …

1. Wie könnten die ersten Worte der Fahrer lauten? Schreibe zwei Möglichkeiten und die jeweiligen Antworten auf.

Möglichkeit 1:

anderer Fahrer: „______________________________________

______________________________________“

Herr Lücke: „______________________________________

______________________________________“

Möglichkeit 2:

Herr Lücke: „______________________________________

______________________________________“

anderer Fahrer: „______________________________________

______________________________________“

2. Diskutiere mit einem Partner:

a) Warum lautet die Überschrift dieses Blattes „Glück im Unglück“?

b) Wer sollte deiner Meinung nach die Schäden an den Fahrzeugen bezahlen?

ISBN 978-3-8346-2273-0 | www.verlagruhr.de

Die Kraftfahrzeugversicherung

Wenn man sich ein Auto kauft, schließt man eine **Kraftfahrzeugversicherung** ab.
Man unterscheidet:

- Kfz-Haftpflichtversicherung
- Kaskoversicherung
  - → Teilkaskoversicherung
  - → Vollkaskoversicherung

Jeder Autobesitzer ist verpflichtet, eine **Kfz-Haftpflichtversicherung** abzuschließen. Diese übernimmt die Kosten für Schäden, die man anderen Verkehrsteilnehmern zufügt. Eine **Kaskoversicherung** ist dagegen eine freiwillige Versicherung. Sie zahlt im Falle eines selbstverschuldeten Unfalls auch für die Schäden am eigenen Auto.
Schließt man eine **Teilkaskoversicherung** ab, so werden nur einige Schäden bezahlt. Die **Vollkaskoversicherung** zahlt für alle Schäden, ist aber monatlich teurer.
Für welche Schäden jeweils bezahlt wird, ist im Versicherungsvertrag zu lesen.

Man hat bei den Kaskoversicherungen noch die Möglichkeit, eine Selbstbeteiligung zu vereinbaren. Im Vertrag wird dann eine Summe festgelegt, die man bei einem Schaden selber bezahlen muss – z.B. 300 €. Kommt es dann zu einem Schaden, der unter 300 € kostet, zahlt die Versicherung nichts. Mit einer Selbstbeteiligung wird der monatliche Versicherungsbeitrag günstiger.
Die Höhe der monatlichen Beiträge für die Autoversicherung hängt außerdem von der Versicherungsgesellschaft, der Automarke und dem Baujahr des Autos ab.

(Infos u.a. nach www.kraftfahrzeugversicherung-information.de/index.html)

1. **Erkläre mit eigenen Worten den Unterschied zwischen einer Kfz-Haftpflichtversicherung und einer Kaskoversicherung.**

____

____

____

2. **Überlege: In welchem Fall ist der Abschluss einer Vollkaskoversicherung sinnvoll, und in welchem Fall könnte eine Kfz-Haftpflichtversicherung reichen?**

____

____

____

ISBN 978-3-8346-2273-0 | www.verlagruhr.de

Nächtlicher Besuch!

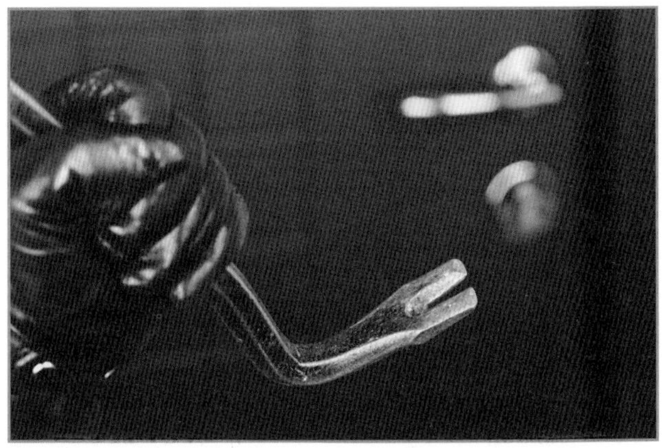

Familie Sommer ist für zwei Wochen in den Urlaub an die Nordsee gefahren. In dieser Zeit gießt eine Nachbarin die Blumen. Am vierten Urlaubstag erhält die Familie einen Anruf der Nachbarin. Aufgeregt berichtet sie Frau Sommer Folgendes: Als sie vor einer Stunde die Wohnung der Sommers betreten wollte, bekam sie einen Schreck. Es herrschte ein großes Chaos. Viele Schranktüren standen offen, Kleidung und Gegenstände lagen auf dem Boden, Schubladen waren aus den Schränken gerissen. Die Nachbarin lief sofort zurück in ihre eigene Wohnung und rief die Polizei. Die Beamten stellten fest, dass Einbrecher die Balkontür aufgebrochen hatten. Die Sommers brachen noch am gleichen Tag ihren Urlaub ab und fuhren nach Hause.

1. Welche ersten Gedanken könnte die Familie haben?

2. Warum hat die Familie wohl sofort ihren Urlaub beendet?

____

____

3. Welche Maßnahmen kann man treffen, um sich vor Einbrechern zu schützen?

____

____

____

ISBN 978-3-8346-2273-0 | www.verlagruhr.de

Die Hausratversicherung

Um seine Einrichtungsgegenstände zu schützen, kann es sinnvoll sein, eine **Hausratversicherung** abzuschließen.
Diese versichert alle „beweglichen Sachen“ eines Haushaltes – also Möbel, Elektrogeräte, Kleidung, andere Alltagsgegenstände und auch Nahrungsmittel. Es kann dazu kommen, dass einzelne oder alle Einrichtungsgegenstände auf Grund von Feuer, Leitungswasser, Sturm, Hagel, Diebstahl oder Zerstörung verloren oder kaputtgehen. In diesem Fall zahlt die Hausratversicherung die Kosten für den Neukauf der Gegenstände.
Die Versicherung übernimmt außerdem auch weitere anfallende Kosten, wie z.B. Aufräumkosten, Transportkosten, Lagerkosten und Reparaturkosten für Schäden innerhalb der Wohnung.
In der Regel kann man im Vertrag die Höhe der Versicherungssumme festlegen (z.B. 30 000 Euro). Das bedeutet, dass die Versicherung Kosten bis zu diesem Betrag übernimmt. Es ist also wichtig, vor Abschluss der Versicherung zu berechnen, wie hoch der Wert der Gegenstände in der Wohnung in etwa ist.
Die Höhe des jährlichen Beitrages für die Hausratversicherung (ca. 30 – 100 Euro) ist abhängig von der Höhe der Versicherungssumme und der Lage der versicherten Wohnung.

1. Mache eine Auflistung der „beweglichen Sachen“ aus einem Zimmer deiner Wahl. Fülle dazu die Tabelle aus.

Möbel	*Elektrogeräte*	*Kleidung*	*Gebrauchs-gegenstände*	*Nahrungsmittel*

2. Schätze den Gesamtwert aller Gegenstände deiner Tabelle. ___________ **€**

3. Vermute: Warum richtet sich die Höhe der Beiträge für die Hausratversicherung auch nach der Lage der Wohnung?

____

____

ISBN 978-3-8346-2273-0 | www.verlagruhr.de

Und jetzt?

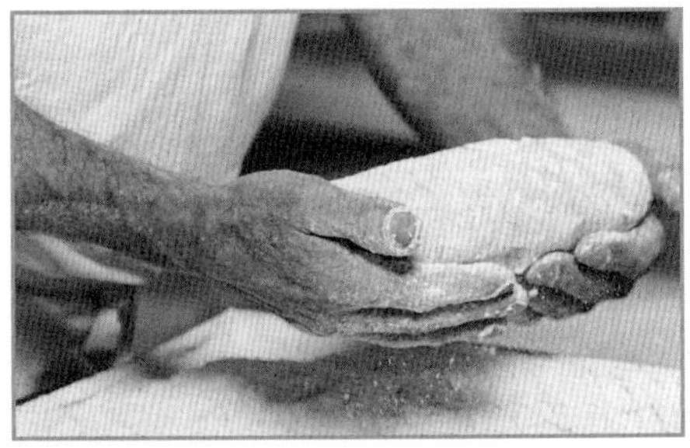

Robert ist 28 Jahre alt. Er lebt mit seiner Frau und seiner 2-jährigen Tochter in einem kleinen Ort in der Nähe von Hamburg. Kurz vor der Geburt von Sandra hat sich das Ehepaar mit Hilfe eines Kredites eine Wohnung mit Garten gekauft.

Robert ist gelernter Bäcker. Er hat schnell eine Anstellung in einer großen Bäckerei in Hamburg gefunden. Seine Frau arbeitet als Aushilfe in einem kleinen Lebensmittelgeschäft vor Ort.

Seit einigen Wochen fühlt sich Robert krank. Seine Nase läuft ständig, er hustet viel und bekommt schlecht Luft. Nun hat er auch noch rote Stellen an den Armen entdeckt. Besonders schlimm ist es in der Backstube. Ein Arztbesuch klärt diese Rätsel. Robert reagiert allergisch auf Mehl. Das bedeutet, dass er möglichst wenig mit Mehl in Berührung kommen darf.

Für Robert ist diese Nachricht eine Katastrophe …

1. Warum stellt die Nachricht des Arztes für Robert eine Katastrophe dar?

2. Welche finanziellen Sorgen kommen auf Robert zu?

3. Welche Lösungsmöglichkeiten hat die Familie?

-
-
-
-

ISBN 978-3-8346-2273-0 | www.verlagruhr.de

Die Berufsunfähigkeitsversicherung

Wenn man einen Beruf gelernt hat und eine Arbeitsstelle in diesem Beruf hat, bekommt man jeden Monat einen Lohn.
Mit diesem Lohn plant man sein Leben.
Man wird in eine Wohnung ziehen, deren Mietpreis zu dem Lohn passt. Man kann ein Hobby beginnen, das monatlich Geld kostet. Vielleicht schafft man sich einen Hund an. Eventuell nimmt man einen Kredit auf und kauft sich ein Auto.
Mit viel Pech kann es passieren, dass man seinen Beruf aus gesundheitlichen Gründen – durch eine Erkrankung oder einen Unfall – nicht mehr ausüben kann. Man ist dann berufsunfähig. Das hat zur Folge, dass man plötzlich nicht mehr so viel Geld zur Verfügung hat. Vielleicht kann man einen anderen Beruf lernen. Es wird aber dauern, bis man wieder den gleichen Lohn bekommt wie zuvor.
Plötzlich muss man also sein ganzes Leben ändern …
Um die Folgen einer Berufsunfähigkeit möglichst gering zu halten, kann man eine **Berufsunfähigkeitsversicherung** abschließen. Diese zahlt dem Versicherten einen monatlichen Betrag, wenn er seinen Beruf nicht mehr ausüben kann. So kann er sein Leben in Teilen wie vorher weiterführen.
Die Höhe der monatlichen Auszahlungen (in der Regel zwischen 500 und 2 500 €) muss man mit der Versicherungsgesellschaft vereinbaren.
Je höher die Auszahlungen sind, die die Versicherung im Notfall zahlt, desto höher sind auch die Beiträge, die man monatlich in die Versicherung einzahlen muss (ca. 20 – 100 €).

(Infos z.T. nach: www.berufsunfaehigkeit.net)

1. Erkläre mit eigenen Worten:
- **Was bedeutet der Begriff „Berufsunfähigkeit“?**
- **Welche Veränderungen können sich aus einer Berufsunfähigkeit ergeben?**

____

____

____

____

2. Eine Berufsunfähigkeitsversicherung ist nicht ganz billig. Findest du sie sinnvoll? Begründe deine Antwort.

____

____

____

ISBN 978-3-8346-2273-0 | www.verlagruhr.de

Unverhofft kommt oft!

Luise Herter ist beim Fensterputzen in ihrer Küche von der Leiter gestürzt. Dabei hat sie das Bein sehr unglücklich verdreht und einen komplizierten Bruch des Fußgelenkes erlitten. Zunächst lag sie eine lange Zeit im Krankenhaus. Im Anschluss daran hat sie eine Rehabilitationsmaßnahme in einer Klinik besucht. Jetzt – nach acht Wochen – bekommt sie noch 2-mal wöchentlich Krankengymnastik. Trotzdem kann Frau Herter ihre Arbeit als Verkäuferin noch nicht wieder aufnehmen, da sie ihren Fuß nicht belasten kann. Viele Stunden am Tag sitzt sie nun zu Hause und grübelt darüber nach, was sie tun kann, wenn sie nie wieder arbeiten kann.

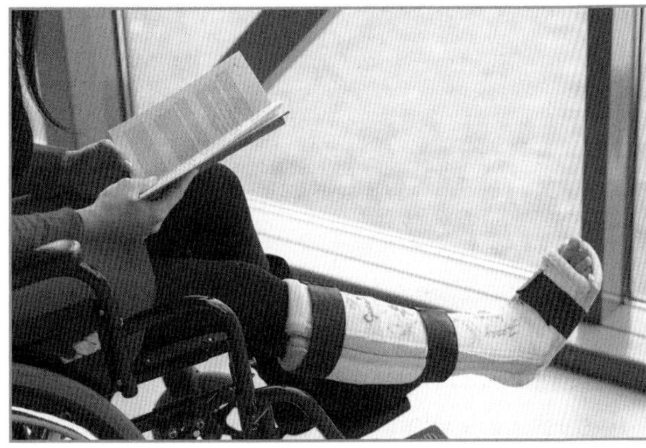

Luise Herter schreibt ihrer besten Freundin Gisela einen Brief, in dem sie ihr den Unfall beschreibt und ihre Sorgen ausdrückt.
Was könnte in diesem Brief stehen?

Liebe Gisela,

wir haben lange nichts voneinander gehört.
Stell dir vor ...

____

____

____

____

____

____

____

____

____

ISBN 978-3-8346-2273-0 | www.verlagruhr.de

Die private Unfallversicherung

Beim Radfahren, während des Frühjahrsputzes, bei einem Familienausflug … Ein Unfall kann schnell passieren.
Wenn man Glück hat, kommt man mit einem blauen Fleck davon. Hat man aber Pech, so kann ein Unfall schwere Verletzungen mit langjährigen Folgen nach sich ziehen.
Häufig kommt es zu finanziellen Schwierigkeiten. Es kann z.B. sein, dass ein Gehalt ausfällt, dass eine Wohnung behindertengerecht umgebaut werden muss oder dass Kinder betreut werden müssen.

Um solche finanziellen Schwierigkeiten zu vermeiden, kann man eine **private Unfallversicherung** abschließen. Sie springt dann ein, wenn der Unfall dauerhafte körperliche oder geistige Beeinträchtigungen nach sich zieht.
Von der Versicherung wird in diesem Fall eine vorher festgelegte Summe oder eine monatliche Rente ausgezahlt. Häufig werden zusätzliche Leistungen mitversichert, z.B.

- Tod durch Unfall
- Krankenhaustagegeld
- Operationen, um das Äußere wiederherzustellen (= kosmetische Operationen)
- Bergungskosten
- Sofortleistung bei schweren Verletzungen

(Infos z.T. nach: www.klipp-und-klar.de/versicherungen/private_unfallvers/index.jsp)

1. **Welche finanziellen Folgen kann ein Unfall haben? Nenne die Beispiele aus dem Text. Finde drei weitere Beispiele.**

____

____

____

2. **Welchen Sinn hat es wohl, wenn die Versicherung einen Betrag für einen Todesfall zahlt?**

____

____

ISBN 978-3-8346-2273-0 | www.verlagruhr.de

So ein Ärger!

Ines arbeitet seit zwei Jahren als Angestellte in einem Friseurgeschäft. Seit einiger Zeit läuft der Betrieb nicht mehr so gut, da zwei weitere Friseursalons in der Nähe eröffnet haben. Völlig unerwartet erhält Ines von ihrem Chef die Kündigung. Sie ist schockiert. In den letzten zwei Jahren hat sie alles für den Betrieb getan – etliche Überstunden hat sie geleistet. Nun weigert sich ihr Arbeitgeber, diese Überstunden auszuzahlen. Sabine ist ratlos. Gerade ohne Arbeitsstelle benötigt sie dieses Geld dringend! Sie überlegt, ob sie sich einen Anwalt nehmen soll. Sie weiß aber nicht, ob sie diesen bezahlen kann. Kommt es zu einer Gerichtsverhandlung und sie verliert, muss sie die Kosten tragen. Das kann sie sich nicht leisten. Was soll sie bloß tun?

1. **Erkläre Ines' Problem mit eigenen Worten einem Partner.**
2. **Welche Lösungsmöglichkeiten hat Ines? Tausche dich mit einem Partner aus.**

___

___

___

3. **Welche dieser Lösungsmöglichkeiten würdest du wählen? Begründe deine Meinung.**

___

___

___

___

___

ISBN 978-3-8346-2273-0 | www.verlagruhr.de

Die Rechtsschutzversicherung

Heute ist fast alles über Gesetze geregelt. Dennoch kommt es im Miteinander mit anderen Menschen immer wieder zu Streitfällen. Da die Gesetze nicht immer eindeutig sind, kann man manche Konflikte oft nur mit Hilfe eines Anwalts klären. Manchmal kommt es auch zu Gerichtsverhandlungen. Der Anwalt und die Gerichtskosten sind teuer. Auf Grund der hohen Kosten verzichten manche Menschen auf ihr Recht und geben nach.
Um das zu verhindern, kann man eine **Rechtsschutzversicherung** abschließen. Diese übernimmt folgende Kosten:

- die Anwaltsgebühren des vom Versicherten frei wählbaren Rechtsanwaltes
- Zeugengelder/Gutachten eines Sachverständigen
- Gerichtskosten
- Kosten des Gegners, soweit der Versicherte diese übernehmen muss

Im Vertrag kann man verschiedene Bereiche (Privatleben, Beruf, Verkehr, Wohnen) versichern. Je mehr Bereiche versichert werden, desto größer ist der Schutz. Gleichzeitig steigt aber auch der Beitrag.
Der jährliche Beitrag für eine Rechtschutzversicherung liegt etwa zwischen 60 und 200 €.

(Infos z.T. nach: www.check24.de/versicherungen/rechtsschutzversicherung)

1. **Wo kann es im Miteinander von Menschen zu Streitfällen kommen, die über einen Anwalt geregelt werden? Denke dir jeweils ein Fallbeispiel für zwei der Bereiche Privatleben, Beruf, Verkehr oder Wohnen aus.**

2. **Wärst du bereit, für eine Rechtsschutzversicherung zu zahlen? Begründe deine Antwort.**

ISBN 978-3-8346-2273-0 | www.verlagruhr.de

Sparen – aber wie?

Herr und Frau Heinke leben in einer Großstadt in einer schönen Altbauwohnung. Sie haben viel Platz, denn die Zimmer ihrer zwei Kinder werden eigentlich nicht mehr benötigt. Das Ehepaar hat die Zimmer zu einem Hobbyraum – die beiden lieben das Reisen und bringen oft Andenken mit – und einem Gästezimmer umgebaut.
Sie wohnen schon sehr lange in der Gegend und haben viele Freundschaften zu den Nachbarn aufgebaut.

Frau Heinke ist bereits seit zwei Jahren Rentnerin. Sie hat wegen der Kinder fast immer als Halbtagskraft in einer Änderungsschneiderei gearbeitet und bekommt eine kleine Rente. Herr Heinke ist seit Anfang des Monats ebenfalls Rentner. Seine Rentenzahlungen sind höher als die seiner Frau. Zusammen haben sie aber nicht mehr den gleichen Betrag wie vor dem Rentenalter. Die gleichen Ausgaben wie bisher können sie sich nicht mehr leisten.
Was nun?

1. Auf welche Ausgaben könnte das Ehepaar vielleicht verzichten?

____

____

2. Wie kann man grundsätzlich Geld sparen? Schreibe zehn Tipps auf.

1. ______________________________
2. ______________________________
3. ______________________________
4. ______________________________
5. ______________________________
6. ______________________________
7. ______________________________
8. ______________________________
9. ______________________________
10. ______________________________

3. Wie könnte man sich auf die „dünnere Geldbörse“ im Rentenalter vorbereiten?

____

____

ISBN 978-3-8346-2273-0 | www.verlagruhr.de

Die private Altersvorsorge

Wer später einmal Rente bekommt, der muss sich einschränken. Die Rentenversicherung zahlt nur einen Teilbetrag des bis dahin verdienten Geldes. Ein Mensch hat also im Rentenalter monatlich weniger Geld zur Verfügung als vorher. So kann eine Geldlücke entstehen! Um das zu verhindern, kann man eine **private Rentenversicherung** abschließen. In diese wird über viele Jahre monatlich ein Betrag eingezahlt. Als Rentner bekommt man dann monatlich zu der gesetzlichen Rente eine private Rente ausgezahlt. Die Höhe dieser Auszahlungen wird zuvor vertraglich geregelt. Je mehr man als Rentner bekommt, desto mehr muss man als Arbeitnehmer einzahlen.
Eine andere Möglichkeit der privaten Altersvorsorge ist eine **Lebensversicherung**. Hier unterscheidet man eine **Kapital-Lebensversicherung** und eine **Risiko-Lebensversicherung**.
Bei einer Kapital-Lebensversicherung zahlt man als Arbeitnehmer monatlich Geld ein und bekommt zu einem vereinbarten Zeitpunkt einen festgelegten Geldbetrag ausgezahlt. Es ist also eine Art Sparvertrag. Sollte man vor dem Erreichen dieses Zeitpunktes sterben, so erhalten die Erben einen ebenfalls festgelegten Geldbetrag. Man sichert also sich selber und seine Familie ab.
Bei der Risiko-Lebensversicherung zahlt man als Arbeitnehmer über eine vereinbarte Dauer (z.B. 25 Jahre) Geld ein. Stirbt man während dieser Zeit, so muss die Versicherung einen festgelegten Betrag an die Familie auszahlen. Überlebt man die Zeit, so bekommt man aber nichts ausbezahlt. Es handelt sich nicht um einen Sparvertrag, sondern nur um eine Absicherung der Familie.
Die Beiträge für eine Risiko-Lebensversicherung sind geringer als für eine Kapital-Versicherung. Die Höhe der Beiträge hängt von den vereinbarten Auszahlungen ab.
Bei Lebensversicherungen geht es in der Regel weniger um hohe Zinsen als um die Sicherheit. Denn die so genannte Rendite, also das Verhältnis der Auszahlungen zu den Einzahlungen – einfach gesagt, dein „Gewinn“ – ist bei dieser Sparvariante unterdurchschnittlich.

1. **Eine Kapital-Lebensversicherung wird auch „Erlebensversicherung“ genannt. Überlege, warum sie auch diesen Namen hat.**

____

____

2. **Überlege: Warum sind die Beiträge für die Risiko-Lebensversicherung günstiger als die Beiträge für die Kapital-Lebensversicherung?**

____

____

ISBN 978-3-8346-2273-0 | www.verlagruhr.de

Rund um Versicherungen

Hier sind noch einige wichtige Tipps!

Versicherungsbeiträge

- Versicherungen kosten regelmäßig Beiträge.
  Überprüfe, wie viel Geld du im Monat für Versicherungen ausgeben kannst.
  Schließe erst dann einen Vertrag ab!
  (Tipp: Führe über mehrere Monate ein Haushaltsbuch. Du kannst dann sehen, wie viel Geld du tatsächlich regelmäßig im Monat übrig hast.)
- Plane langfristig! Für Versicherungen musst du über Jahre regelmäßig Geld einplanen.
- Viele Versicherungen werden nur ein- oder 2-mal im Jahr von deinem Konto abgebucht. Mache dir einen Plan, wann welche Versicherungssumme fällig ist, damit dann genug Geld auf deinem Konto ist.
  Falls du mit deinem Geld gerade so auskommst, ist es sinnvoll, monatlich für die Versicherungen etwas zur Seite zu legen.
- Wenn du eine Versicherung abschließt, dann gehst du einen Vertrag ein.
  Du bekommst im Schadensfall Leistungen von der Versicherung – die Versicherung bekommt dafür Geld von dir.
  Wenn du deine Beiträge nicht zahlst, wird der Vertrag ungültig.
  Kommt es dann zu einem Schaden, wird deine Versicherung nichts zahlen.

Versicherungsverträge

- Es gibt eine große Anzahl von Versicherungsgesellschaften.
  Vergleiche vor dem Abschluss einer Versicherung die Preise!
  So kannst du Geld sparen.
- Lasse dir keine Versicherung „aufschwatzen“! Versicherungsgesellschaften verdienen mit jedem Abschluss eines Vertrages Geld.
  Überlege dir also genau, welche Versicherungen du wirklich benötigst.
  Es ist sinnvoll, wenn du dich unabhängig von einer Versicherungsgesellschaft beraten lässt (z.B. bei der Verbraucherzentrale).
- Du bekommst für deine Versicherung einen Versicherungsschein.
  Diesen solltest du griffbereit und sorgfältig abheften.
  Er enthält wichtige Informationen zu deiner Versicherung.

ISBN 978-3-8346-2273-0 | www.verlagruhr.de

Checkliste für den Lebensordner

Man unterscheidet zwischen diesen Arten von Versicherungen:	
Wenn ich einen Schaden verursacht habe und dafür zahlen muss, ist es gut, diese Versicherung zu haben:	
Es gibt diese beiden Arten von Kraftfahrzeug-Versicherungen:	
Diese Kraftfahrzeug-Versicherung ist eine Pflichtversicherung:	
Die Hausratversicherung übernimmt Schäden, die aus diesen Gründen entstehen:	
Eine Berufsunfähigkeitsversicherung zahlt, wenn dieser Fall eintritt:	
Um mich vor den finanziellen Folgen eines Unfalls zu schützen, kann ich diese Versicherung abschließen:	
Hohe Anwalts- und Gerichtskosten übernimmt diese Versicherung:	
Für die private Altersvorsorge gibt es diese Versicherungen:	

ISBN 978-3-8346-2273-0 | www.verlagruhr.de

Was bedeutet was?

allergisch	Wenn der Körper allergisch reagiert, dann zeigt er eine Abwehrreaktion auf einen bestimmten Reiz (z.B. Pollen, Haselnüsse, Tierhaare). Das können z.B. Atemnot, Hautrötungen oder tränende Augen sein.
Beeinträchtigung	„Beeinträchtigung" ist ein anderes Wort für Minderung oder Hindernis.
Bergungskosten	Das Wort Bergung wird meistens im Zusammenhang mit Unfällen benutzt. Es bedeutet auch „Befreiung" (z.B. aus einem kaputten Auto, aus einer Lawine). Auch die kaputten Autos können geborgen werden.
finanzielle Folgen	Finanzielle Folgen sind Folgen, die sich auf Geld auswirken.
Kaskoversicherung	Eine Kaskoversicherung versichert die Schäden am eigenen Auto des Unfallverursachers. Die Haftpflichtversicherung versichert die Schäden am anderen Auto.
Kraftfahrzeug	Ein Kraftfahrzeug ist ein Fahrzeug, wie z.B. ein Auto, das von einer Maschine (z.B. einem Motor) angetrieben wird. Es ist nicht an Schienen gebunden und fährt auf dem Land.
Rehabilitationsmaßnahme	Eine Rehabilitationsmaßnahme (kurz: Reha-Maßnahme) ist eine Behandlung, die man nach einem Unfall oder einer schweren Krankheit macht. Sie soll eine größtmögliche Gesundheit herstellen.
Rendite	Die Rendite beschreibt im Finanzbereich das Verhältnis von den Einzahlungen/den Investitionen zur Auszahlung. Eine hohe Rendite heißt: Du bekommst viel mehr raus, als du einzahlst.
Gutachten eines Sachverständigen	Ein Sachverständiger ist jemand, der für ein bestimmtes Gebiet eine besondere Ausbildung hat (ein Fachmann). Bei einem Schaden kommt der Sachverständige und bestimmt die Höhe und ggf. die Ursache des Schadens. Dies schreibt er auf. Das Schriftstück heißt dann „Sachverständigengutachten".
Versicherungsbeitrag	Der Versicherungsbeitrag ist die Summe, die man monatlich oder jährlich an die Versicherung zahlt. Damit kauft man sich die Leistung der Versicherung.
Versicherungsvertrag	In einem Versicherungsvertrag stehen die genauen Vereinbarungen, die man mit der Versicherung trifft. Dieser Vertrag muss gut aufgehoben werden.

ISBN 978-3-8346-2273-0 | www.verlagruhr.de

Übersicht über zusätzliches Material auf der CD

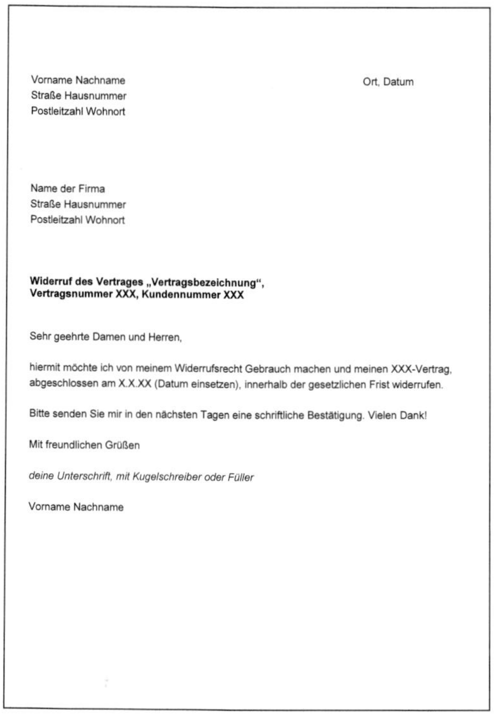

Vorname Nachname
Straße Hausnummer
Postleitzahl Wohnort

Ort, Datum

Name der Firma
Straße Hausnummer
Postleitzahl Wohnort

Widerruf des Vertrages „Vertragsbezeichnung", Vertragsnummer XXX, Kundennummer XXX

Sehr geehrte Damen und Herren,

hiermit möchte ich von meinem Widerrufsrecht Gebrauch machen und meinen XXX-Vertrag, abgeschlossen am X.X.XX (Datum einsetzen), innerhalb der gesetzlichen Frist widerrufen.

Bitte senden Sie mir in den nächsten Tagen eine schriftliche Bestätigung. Vielen Dank!

Mit freundlichen Grüßen

deine Unterschrift, mit Kugelschreiber oder Füller

Vorname Nachname

S. 29, Musterbrief:
„Widerruf eines Vertrages"

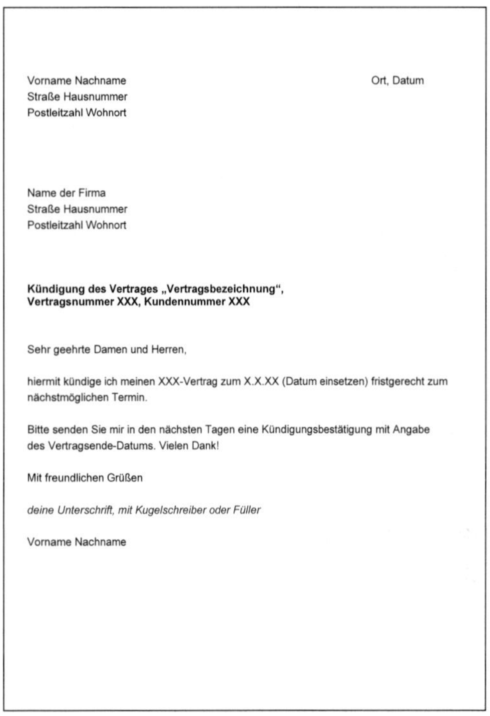

Vorname Nachname
Straße Hausnummer
Postleitzahl Wohnort

Ort, Datum

Name der Firma
Straße Hausnummer
Postleitzahl Wohnort

Kündigung des Vertrages „Vertragsbezeichnung", Vertragsnummer XXX, Kundennummer XXX

Sehr geehrte Damen und Herren,

hiermit kündige ich meinen XXX-Vertrag zum X.X.XX (Datum einsetzen) fristgerecht zum nächstmöglichen Termin.

Bitte senden Sie mir in den nächsten Tagen eine Kündigungsbestätigung mit Angabe des Vertragsende-Datums. Vielen Dank!

Mit freundlichen Grüßen

deine Unterschrift, mit Kugelschreiber oder Füller

Vorname Nachname

S. 30, Musterbrief:
„Kündigung eines Vertrages"

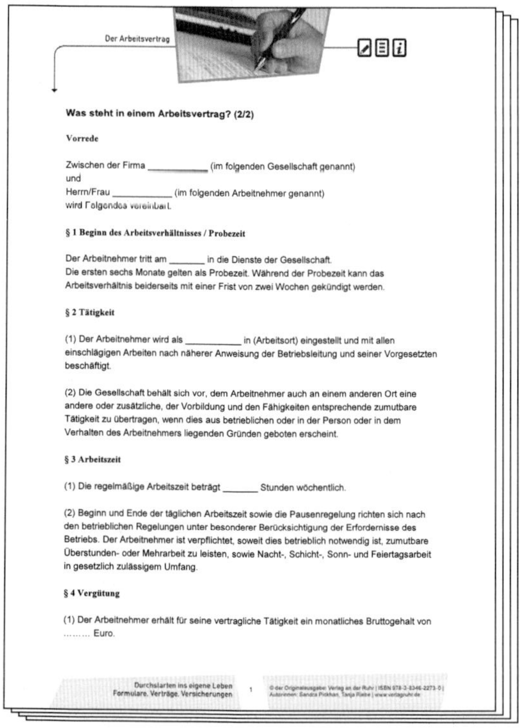

Der Arbeitsvertrag

Was steht in einem Arbeitsvertrag? (2/2)

Vorrede

Zwischen der Firma ____________ (im folgenden Gesellschaft genannt)
und
Herrn/Frau ____________ (im folgenden Arbeitnehmer genannt)
wird Folgendes vereinbart.

§ 1 Beginn des Arbeitsverhältnisses / Probezeit

Der Arbeitnehmer tritt am _______ in die Dienste der Gesellschaft.
Die ersten sechs Monate gelten als Probezeit. Während der Probezeit kann das Arbeitsverhältnis beiderseits mit einer Frist von zwei Wochen gekündigt werden.

§ 2 Tätigkeit

(1) Der Arbeitnehmer wird als ___________ in (Arbeitsort) eingestellt und mit allen einschlägigen Arbeiten nach näherer Anweisung der Betriebsleitung und seiner Vorgesetzten beschäftigt.

(2) Die Gesellschaft behält sich vor, dem Arbeitnehmer auch an einem anderen Ort eine andere oder zusätzliche, der Vorbildung und den Fähigkeiten entsprechende zumutbare Tätigkeit zu übertragen, wenn dies aus betrieblichen oder in der Person oder in dem Verhalten des Arbeitnehmers liegenden Gründen geboten erscheint.

§ 3 Arbeitszeit

(1) Die regelmäßige Arbeitszeit beträgt _______ Stunden wöchentlich.

(2) Beginn und Ende der täglichen Arbeitszeit sowie die Pausenregelung richten sich nach den betrieblichen Regelungen unter besonderer Berücksichtigung der Erfordernisse des Betriebs. Der Arbeitnehmer ist verpflichtet, soweit dies betrieblich notwendig ist, zumutbare Überstunden- oder Mehrarbeit zu leisten, sowie Nacht-, Schicht-, Sonn- und Feiertagsarbeit in gesetzlich zulässigem Umfang.

§ 4 Vergütung

(1) Der Arbeitnehmer erhält für seine vertragliche Tätigkeit ein monatliches Bruttogehalt von ……… Euro.

Durchstarten ins eigene Leben
Formulare. Verträge. Versicherungen 1

S. 40, Mustervertrag:
„Was steht in einem Arbeitsvertrag?"

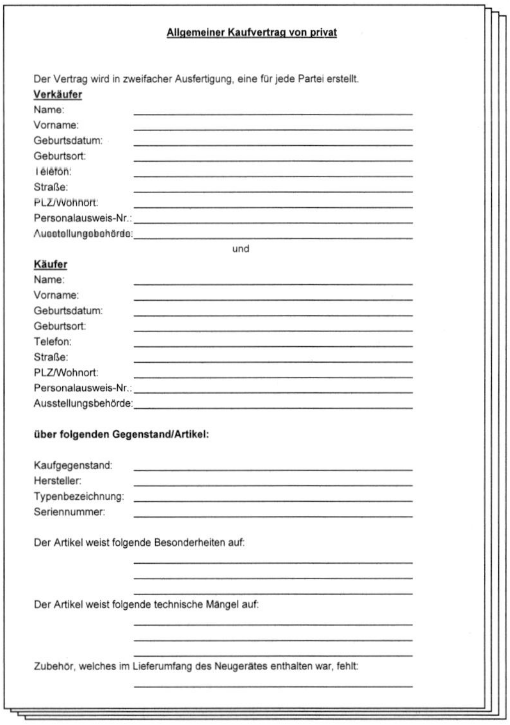

Allgemeiner Kaufvertrag von privat

Der Vertrag wird in zweifacher Ausfertigung, eine für jede Partei erstellt.

Verkäufer
Name: ____________
Vorname: ____________
Geburtsdatum: ____________
Geburtsort: ____________
Telefon: ____________
Straße: ____________
PLZ/Wohnort: ____________
Personalausweis-Nr.: ____________
Ausstellungsbehörde: ____________

und

Käufer
Name: ____________
Vorname: ____________
Geburtsdatum: ____________
Geburtsort: ____________
Telefon: ____________
Straße: ____________
PLZ/Wohnort: ____________
Personalausweis-Nr.: ____________
Ausstellungsbehörde: ____________

über folgenden Gegenstand/Artikel:

Kaufgegenstand: ____________
Hersteller: ____________
Typenbezeichnung: ____________
Seriennummer: ____________

Der Artikel weist folgende Besonderheiten auf:
____

Der Artikel weist folgende technische Mängel auf:
____

Zubehör, welches im Lieferumfang des Neugerätes enthalten war, fehlt:
____

S. 42, Musterkaufvertrag:
„Allgemeiner Kaufvertrag von privat"

Vorname Nachname
Straße und Hausnummer
Postleitzahl Wohnort

Ort, Datum

Name des Telefonanbieters
Abteilung
Straße Hausnummer (Postfach)
Postleitzahl Wohnort

Kündigung meines Telefonanschlusses
Vertragsnummer XXX (Vertragsart), Kundennummer XXX,
deine Telefonnummer(n) XXX

Sehr geehrte Damen und Herren,

hiermit kündige ich den mit Ihnen bestehenden Vertrag unter Einhaltung der vertraglich vereinbarten Frist von XXX Monaten zum X.X.XX (Datum einsetzen). Sollte die Frist wider Erwarten zu diesem Zeitpunkt nicht gewahrt sein, kündige ich hiermit vorsorglich zum nächstmöglichen Termin.

Die Ihnen von mir erteilte Ermächtigung zum Einzug der fälligen Gebühren widerrufe ich hiermit ebenfalls zum Zeitpunkt des Vertragsendes und darüber hinaus. Bitte bestätigen Sie mir diese Kündigung sowie das Datum des Vertragsendes schriftlich.

Mit freundlichen Grüßen

deine Unterschrift (mit Kugelschreiber oder Füller)

Vorname Nachname

(Informationen nach: www.kuendigungsschreiben-vorlage.de)

S. 43, Musterbrief:
„Kündigung des Telefonanschlusses“

Vorname Nachname
Straße und Hausnummer
Postleitzahl Wohnort

Ort, Datum

Name des Telefonanbieters
Abteilung
Straße Hausnummer (Postfach)
Postleitzahl Wohnort

Kündigung meines Handyvertrages
Vertragsnummer XXX (Vertragsart), Kundennummer XXX,
deine Handynummer(n) XXX

Sehr geehrte Damen und Herren,

hiermit kündige ich den mit Ihnen bestehenden Vertrag unter Einhaltung der vertraglich vereinbarten Frist von XXX Monaten bis zum X.X.XX (Datum einsetzen). Sollte die Frist wider Erwarten zu diesem Zeitpunkt nicht gewahrt sein, kündige ich hiermit vorsorglich zum nächstmöglichen Termin.

Die Ihnen von mir erteilte Ermächtigung zum Einzug der fälligen Gebühren widerrufe ich hiermit ebenfalls zum Zeitpunkt des Vertragsendes und darüber hinaus. Bitte bestätigen Sie mir diese Kündigung sowie das Datum des Vertragsendes schriftlich.

Mit freundlichen Grüßen

deine Unterschrift (mit Kugelschreiber oder Füller)

Vorname Nachname

(Informationen nach: www.kuendigungsschreiben-vorlage.de)

S. 44, Musterbrief:
„Kündigung des Handyvertrages“

Vorname Nachname
Straße und Hausnummer
Postleitzahl Wohnort

Ort, Datum

Name des Fernsehanbieters
Abteilung
Straße Hausnummer (Postfach)
Postleitzahl Wohnort

Kündigung meines Fernsehanbietervertrages
Vertragsnummer XXX (Vertragsart), Kundennummer XXX

Sehr geehrte Damen und Herren,

hiermit kündige ich den mit Ihnen bestehenden Vertrag unter Einhaltung der vertraglich vereinbarten Frist von XXX Monaten bis zum X.X.XX (Datum einsetzen). Sollte die Frist wider Erwarten zu diesem Zeitpunkt nicht gewahrt sein, kündige ich hiermit vorsorglich zum nächstmöglichen Termin.

Die Ihnen von mir erteilte Ermächtigung zum Einzug der fälligen Gebühren widerrufe ich hiermit ebenfalls zum Zeitpunkt des Vertragsendes und darüber hinaus. Bitte bestätigen Sie mir diese Kündigung sowie das Datum des Vertragsendes schriftlich.

Mit freundlichen Grüßen

deine Unterschrift (mit Kugelschreiber oder Füller)

Vorname Nachname

(Informationen nach: www.kostenlose-vordrucke.de/html/kabelfernsehen-kuendigung.html)

S. 46, Musterbrief:
„Kündigung des Fernsehvertrages“

Vorname Nachname
Straße und Hausnummer
Postleitzahl Wohnort

Ort, den Datum

Fitnessstudio
Straße und Hausnummer
Postleitzahl Wohnort

Kündigung meines Fitnessvertrages
Vertragsnummer XXX (Vertragsart), Kundennummer XXX

Sehr geehrte Damen und Herren,

hiermit kündige ich den mit Ihnen bestehenden Vertrag unter Einhaltung der vertraglich vereinbarten Frist von XXX Monaten bis zum X.X.XX (Datum einsetzen). Sollte die Frist wider Erwarten zu diesem Zeitpunkt nicht gewahrt sein, kündige ich hiermit vorsorglich zum nächstmöglichen Termin.

Die Ihnen von mir erteilte Ermächtigung zum Einzug der fälligen Gebühren widerrufe ich hiermit ebenfalls zum Zeitpunkt des Vertragsendes und darüber hinaus. Bitte bestätigen Sie mir diese Kündigung sowie das Datum des Vertragsendes schriftlich.

Mit freundlichen Grüßen

deine Unterschrift (mit Kugelschreiber oder Füller)

Vorname Nachname

(Informationen nach: www.kuendigungsschreiben-vorlage.de)

S. 47, Musterbrief:
„Kündigung des Fitnessvertrages“

Vorname Nachname
Straße und Hausnummer
Postleitzahl Wohnort

Ort, Datum

Bank oder Sparkasse
Abteilung
Anschrift (Postfach)
Postleitzahl Wohnort

Kündigung meines Girokontos
Kontonummer XXX

Sehr geehrte Damen und Herren,

ich kündige hiermit mein Girokonto zum nächstmöglichen Termin.

Meine neue Bankverbindung lautet:
Deine Bank
Deine Bankleitzahl
Deine Kontonummer

Ich möchte Sie bitten, das Restguthaben an das oben genannte Konto zu überweisen.
Bitte bestätigen Sie mir diese Kündigung sowie das Datum des Vertragsendes schriftlich.

Mit freundlichen Grüßen

deine Unterschrift (mit Kugelschreiber oder Füller)

Vorname Nachname

(Informationen nach www.kuendigungsschreiben-vorlage.de)

S. 48, Musterbrief:
„Kündigung des Girokontos“

Vorname Nachname
Straße und Hausnummer
Postleitzahl Wohnort

Ort, Datum

Strom- und Gasanbieter
Abteilung
Straße und Hausnummer (oder Postfach)
Postleitzahl Wohnort

Kündigung meines Strom-/Gasvertrages
Vertragsnummer XXX

Sehr geehrte Damen und Herren,

ich kündige hiermit meinen Vertrag zum nächstmöglichen Termin.
Die Ihnen von mir erteilte Ermächtigung zum Einzug der fälligen Gebühren widerrufe ich hiermit ebenfalls zum Zeitpunkt des Vertragsendes und darüber hinaus. Bitte bestätigen Sie mir diese Kündigung sowie das Datum des Vertragsendes schriftlich.

Mit freundlichen Grüßen

deine Unterschrift (mit Kugelschreiber oder Füller)

Vorname Nachname

(Informationen nach www.kuendigungsschreiben-vorlage.de)

S. 49, Musterbrief:
„Kündigung des Strom-/Gasvertrages“

Literatur

Dassler, Stefan:
Kein Job in Sicht?
Informationen, Strategien, Perspektiven –
Materialien für Jugendliche.
Verlag an der Ruhr, 2010.
ISBN 978-3-8346-0751-5

Kamber, Ann-Kathrin u. Trunz, Wibke:
Der Haushaltsführerschein:
Kopiervorlagen zur Vermittlung lebenspraktischer Kompetenzen an Förderschulen.
Persen Verlag, 2012.
ISBN 978-3-8344-3524-8

Pickhan, Sandra u. Riebe, Tanja:
Durchstarten ins eigene Leben:
Wohnung, Geld und Haushaltsführung.
Arbeitsmaterialien für Jugendliche zur Förderung der Alltagskompetenz.
Verlag an der Ruhr, 2012.
ISBN 978-3-8346-0965-6

Pieper, Monika:
Ich kann was und ich mach was draus!
Materialien zur Berufsorientierung.
Verlag an der Ruhr, 2010.
ISBN 978-3-8346-0810-9

Steffek, Frauke:
Verbraucherführerschein: Gesunde Ernährung
Vermittlung lebensparktischer Kompetenzen an Förderschulen.
Persen Verlag, 2012.
ISBN 978-3-8344-3267-4

Steves, Mirjam:
Online sein – aber sicher!
Praktische Materialien zum gefahrlosen Surfen, Chatten, E-Mailen.
Verlag an der Ruhr, 2012.
ISBN 978-3-8346-0967-0